Titel der Originalausgabe:
Les Vertus de l'échec
Paris, Allary Éditions 2016

6. Auflage 2026

ISBN 978-3-446-25669-9

Vilshofener Straße 10 | 81679 München | info@hanser.de

Umschlag: Birgit Schweitzer, München
Motiv: © Big Pants Production, shutterstock.com
Satz: Kösel Media GmbH, Krugzell
Druck und Bindung: GGP Media GmbH, Pößneck
Printed in Germany

Charles Pépin

DIE SCHÖNHEIT DES SCHEITERNS

Kleine Philosophie der Niederlage

Aus dem Französischen von
Caroline Gutberlet

Hanser

INHALT

EINLEITUNG

Was haben Charles de Gaulle, Steve Jobs und Serge Gainsbourg gemeinsam? Was verbindet J.K. Rowling, Charles Darwin und Roger Federer? Oder auch Winston Churchill, Barbara und Thomas Edison?

Sie alle haben spektakuläre Erfolge erzielt, nicht wahr? Schon, aber das ist nicht die ganze Geschichte. Bevor sie Erfolg hatten, mussten sie Fehlschläge einstecken. Besser: Wegen der Fehlschläge hatten sie Erfolg. Ohne den Widerstand der Wirklichkeit, ohne Missgeschicke, ohne all die Gelegenheiten, die ihnen ihr Scheitern geboten hat, um nachzudenken und sich wieder aufzurichten, hätten sie sich nicht so vervollkommnen können, wie sie es getan haben.

Fast 30 Jahre lang, vom Ausbruch des Ersten Weltkriegs bis Mitte des Zweiten Weltkriegs, musste Charles de Gaulle mit Enttäuschungen fertigwerden. Doch erst durch die Konfrontation mit ihnen hat er seinen Charakter festigen und seinen Wunsch besser fassen können, »eine bestimmte Idee von Frankreich« lebendig werden zu lassen. Als die Geschichte endlich einen anderen Lauf nahm, war er bereit: Seine Niederlagen hatten ihn zäh gemacht und auf den Kampf vorbereitet.

Bevor Thomas Edison die Erfindung der Glühbirne gelang, war er so oft gescheitert, dass ihn einer seiner Mitarbeiter eines Tages fragte, wie er diese vielen Fehlschläge überhaupt ertragen konnte. »Ich bin nicht tausendmal gescheitert. Ich habe erfolgreich tausend Möglichkeiten entdeckt, wie die Glühbirne *nicht* zum Leuchten gebracht wird«, war seine Antwort. Thomas Edison wusste, dass ein Wissenschaftler nur aus seinen Fehlern lernen kann und dass jeder erkannte Irrtum ihn der Wahrheit ein Stück näher bringt.

Als Serge Gainsbourg die Malerei aufgab, zu der er sich berufen gefühlt hatte, war das eine Katastrophe für ihn. Mit dem bitteren Geschmack des Scheiterns im Mund wandte er sich dem Chanson, einer in seinen Augen »minderen« Kunstform, zu. Doch genau das befreite ihn von dem Druck, dem er sich als Maler selber ausgesetzt hatte. Seine Begabung als Autor und Interpret, der typische Gainsbourg-Sound, sind untrennbar mit diesem Loslassen verbunden, das zugleich ein »Kind« des Scheiterns ist.

Wenn wir Roger Federer heute Tennis spielen sehen, können wir uns kaum vorstellen, dass er als Jugendlicher Niederlagen einstecken musste und nicht selten in einem Wutanfall seinen Schläger auf den Boden schleuderte. Doch genau in diesen Jahren bildete sich derjenige heraus, der zum besten Tennisspieler aller Zeiten werden sollte. Ohne all die verlorenen Matches und die Momente der Verzagtheit wäre Roger Federer später bestimmt nicht so lange Weltranglistenerster geblieben. Sein legendäres Fairplay, die scheinbar mühelose Eleganz seines Spiels sind nicht angeboren, sondern hart erarbeitet und darum umso schöner.

Charles Darwin hat erst sein Medizinstudium und dann auch sein Theologiestudium an den Nagel gehängt. Daraufhin schiffte er sich auf die »Beagle« ein, eine Reise, die entscheidend dafür war, dass er seine Berufung als Forscher fand. Ohne seine Niederlagen als Student wäre er nie und nimmer offen für diese Reise gewesen, die sein Leben – und ganz nebenbei auch unsere Vorstellung vom Menschen – veränderte.

Am Anfang ihrer Karriere musste Barbara erleben, wie sich die Pforten der Cabarets eine nach der anderen vor ihrer Nase schlossen. Wenn sie doch einmal auftreten durfte, wurde ihr Gesang meistens mit Buhrufen quittiert. Die Lebenskraft und Empathie, die wir in manchen ihrer grandiosen Chansons spüren, die sie später komponierte, haben viel mit diesen Demütigungen der ersten Jahre zu tun. Wer sich die Niederlagen auf Barbaras Lebensweg wegdenkt, muss sich die schönsten Lieder aus ihrem Repertoire wegdenken.

Schon diese wenigen Beispiele machen deutlich: Das Scheitern hat nicht nur eine, sondern mehrere Tugenden.

Es gibt Fehlschläge, die unseren Willen befeuern, und andere, die ein Loslassen ermöglichen; solche, die uns Kraft geben, den eingeschlagenen Weg bis zum Ende durchzustehen, und solche, die uns Auftrieb geben, um diesen Weg zu verlassen.

Es gibt Fehlschläge, die uns kämpferischer machen, und solche, die uns weiser machen. Und dann gibt es Fehlschläge, die uns offen machen für Neues.

Das Scheitern ist unserem Leben, unseren Ängsten, unseren Erfolgen innewohnend. Erstaunlicherweise wird dieses Thema von Philosophen kaum behandelt. Als ich mit der Arbeit an diesem Buch begann, wollte ich herausfinden, was die Altvorderen dazu gesagt haben. Ich war sehr überrascht festzustellen, wie wenig Interesse sie am Scheitern gehabt haben. All jene Denker, die so selbstverständlich über Ideal und Wirklichkeit sinniert haben, über das »gute Leben« und die Bekämpfung der Ängste, über den Unterschied zwischen Wollen und Können, sie hätten doch ganze Abhandlungen über das Scheitern schreiben müssen. Dem ist aber nicht so. Es gibt kein einziges größeres philosophisches Werk zu diesem Thema. Keinen Dialog Platons über die Weisheit des Scheiterns. Keine Abhandlung Descartes' über die Tugend des Scheiterns. Kein Traktat Hegels über die Dialektik des Scheiterns. Das ist umso überraschender, als das Scheitern in einem besonderen Verhältnis zum Abenteuer des menschlichen Lebens zu stehen scheint.

Bei meinen Seminaren treffe ich oft auf Unternehmer und Angestellte, die durch Konkurs, Entlassung oder verpasste Gelegenheiten Verletzungen davongetragen haben. Manche haben ihre Kindheit, ihre Jugend, das Studium und die Anfänge des Berufslebens durchlebt, ohne jemals das Gefühl des Scheiterns gehabt zu haben. Mir ist aufgefallen, dass sie es am schwersten haben, wieder auf die Beine zu kommen.

Als Philosophielehrer am Gymnasium beobachte ich häufiger, dass Schüler völlig am Boden zerstört sind, wenn sie eine schlechte Note bekommen. Man hat ihnen offensichtlich nicht gesagt, dass ein Mensch scheitern kann. Dabei ist dieser Satz so einfach: *Wir können scheitern.* Er ist einfach, aber er hat etwas mit unserem Menschsein zu tun. Tiere können nicht scheitern, weil ihr ganzes Tun von ihrem Instinkt diktiert wird: Sie brauchen nur ihrer Natur zu folgen, um nicht zu irren. Der Vogel, der sein Nest baut, tut das jedes Mal auf vollkommene Weise. Instinktiv weiß er, was zu tun ist. Er muss keine Lehren aus seinen Fehlschlägen ziehen. Durch unser Irren und Scheitern manifestiert sich unsere menschliche Natur: Wir sind weder instinktgeleitete Tiere noch durchprogrammierte Maschinen oder gar göttliche Wesen. Wir können scheitern, weil wir Menschen sind und weil wir frei sind: frei, uns zu irren – frei, uns zu korrigieren – frei, uns weiterzuentwickeln.

Ab und zu klingt das Thema Scheitern bei den Philosophen doch an. Recht greifbar bei den Stoikern des Altertums, die uns eine Weisheit der Akzeptanz lehren und uns nahelegen, auf ein Übel nicht noch ein weiteres draufzusetzen. Als Ahnung bei Nietzsche, wenn er beispielsweise schreibt: »Mancher kann seine eignen Ketten nicht lösen, und doch ist er dem Freunde ein Erlöser.« Implizit in Sartres

Aufsätzen über Existenzialismus: Wenn wir unser Leben lang *werden* können, nicht gefangen sind in einem *Sein*, sagt Sartre, dann kann Scheitern die Tugend besitzen, uns in die Zukunft zu tragen, und helfen, uns neu zu erfinden. Explizit bei Bachelard, wenn er den Wissenschaftler definiert als jemanden, der den Mut hat, eine »Psychoanalyse der anfänglichen Irrtümer« durchzuführen. Von diesen Philosophen werden wir also ausgehen. Aber das wird nicht ausreichen. Die Weisheit des Scheiterns, die die Philosophen lediglich umreißen, müssen wir woanders suchen: in Schriften von Künstlern, in Erfahrungsberichten von Psychoanalytikern, in heiligen Texten, in den Memoiren bedeutender Persönlichkeiten, in den inspirierenden Reflexionen eines Miles Davis, in den Lehren fürs Leben von Andre Agassi und nicht zuletzt in Gedichten wie »If–« von Rudyard Kipling.

1

WER SCHEITERT, LERNT SCHNELLER

Wir befinden uns in Tarbes, Südwestfrankreich, mitten im Winter des Jahres 1999. Der junge Spanier ist 13 Jahre alt. Er hat soeben das Halbfinale des Tennisturniers »Les Petits As« verloren, die inoffizielle Weltmeisterschaft der 12- bis 14-Jährigen. Der Franzose, der ihn besiegt hat und das Turnier gewinnen wird, ist im gleichen Jahr geboren und genauso groß wie er. Es war ein Leichtes für ihn gewesen, ihn zu bezwingen. Der Wunderknabe heißt Richard Gasquet: Er ist »der kleine Mozart des französischen Tennis«. Die Fachleute behaupten, kein Spieler seines Alters habe jemals eine derartige Meisterschaft erreicht. Mit neun Jahren prangte er bereits auf dem Titelblatt von *Tennis Magazine*, das titelte: »Le champion que la France attend?« – Frankreichs zukünftiger Weltmeister? Seine vollendeten Bewegungen, die Schönheit seiner einhändigen Rückhand, die Angriffslust seines Spiels bedeuteten ebenso viele narzisstische Verletzungen für seinen Gegner. Nachdem der Junge aus Mallorca Richard Gasquet die Hand gereicht hat, lässt er sich völlig erledigt auf seinen Stuhl fallen. Sein Name ist Rafael Nadal.

Rafael Nadal hat es an jenem Tag nicht geschafft, Weltmeister seiner Altersklasse zu werden. Wenn man sich dieses Spiel heute auf YouTube anschaut, fällt besonders die aggressive Spielweise von Richard Gasquet auf: Er nimmt den Ball sehr früh und überrumpelt den Gegner. Und genau diese Art, möglichst aggressiv in den Ball zu gehen, erinnert auf seltsame Weise an das, was später Rafael Nadals Erfolg ausmachen wird, jenem Tennisspieler, der jahrelang die Weltrangliste anführen und 60 Turniere gewinnen wird, davon zwölfmal den Grand-Slam-Titel. Richard Gasquet ist ein bedeutender Spieler geworden: Er hat es bis auf Platz sieben der Weltrangliste geschafft. Doch bis heute hat er kein einziges der Grand-Slam-Turniere gewonnen. Überhaupt hat er insgesamt nur neun Titel geholt. Egal, was für Glanzleistungen er noch in Zukunft vollbringt, er wird es nie mehr so weit schaffen wie Rafael Nadal. Daher stellt sich die Frage: Was war entscheidend für diesen Unterschied?

Ein Blick auf den Werdegang von Rafael Nadal kann eine Teilantwort geben. In jungen Jahren hat er viele Fehlschläge erlebt, Spiele verloren und, weil ihm die klassische Vorhand partout nicht gelingen wollte, eine eigene Vorhand entwickeln müssen, die zu seinem Markenzeichen geworden ist: Nach dem Ballschlag schnellt sein Schläger mit einer unwahrscheinlichen Geste wie ein Lasso in die Höhe. Nach seiner Niederlage spielte Rafael Nadal noch 14-mal gegen Richard Gasquet –, und er gewann alle 14 Spiele. Was geschah nach der Niederlage? Zweifellos begann Rafael Nadal, sich mehr für Gasquets Spiel zu interessieren, und hat es mit seinem Onkel und Trainer Tony Nadal in allen Einzelheiten analysiert. Zweifellos hat er an jenem Tag in Tarbes mehr aus seiner Niederlage gelernt, als wenn er gesiegt hätte. Vielleicht hat er sogar mehr aus dieser einen Niederlage gelernt, als es bei zehn Siegen der Fall gewesen wäre. Möglich auch, dass ihm das eigene Maß an Aggressivität, zu dem er fähig ist, eben in jenem Moment klar wurde, in dem er der von Richard Gasquet unterlag. Ich bin überzeugt, dass Rafael Nadal diese Niederlage half, sein wahres Talent schneller zu entdecken. Übrigens hat er im Jahr darauf das Turnier »Les Petits As« gewonnen.

Vielleicht liegt genau hier das Problem von Richard Gasquet: Von seinen ersten Gehversuchen auf dem Tennisplatz bis zum Alter von 16 Jahren sind ihm die Siege scheinbar mühelos in den Schoß gefallen. Kann es sein, dass er während der wichtigen Lehrjahre nicht genug scheiterte? Oder dass es beim ersten Scheitern schon zu spät war? Oder dass er, weil er fast nie scheiterte, nie die Erfahrung der widerständigen Wirklichkeit gemacht hat? Jene Erfahrung, die uns zwingt, die Wirklichkeit zu hinterfragen und zu analysieren und uns über den seltsamen Stoff zu wundern, aus dem sie gemacht ist. Erfolge sind angenehm, aber sie sind oft weniger lehrreich als Misserfolge.

Bestimmte Siege sind nur zu erringen, wenn Schlachten verloren werden. Eine paradoxe Aussage, der aber, wie ich meine, etwas vom Geheimnis der menschlichen Existenz innewohnt. Beeilen wir uns also zu scheitern, denn so begegnen wir der Wirklichkeit intensiver als bei unseren Erfolgen. Weil die Wirklichkeit uns Widerstand bietet, hinterfragen wir sie und betrachten sie aus allen Blickwinkeln. Weil sie uns Widerstand bietet, finden wir in ihr den Rückhalt, den wir brauchen, um Schwung zu nehmen.

In Studien über die Aktivitäten von Start-ups im Silicon Valley würdigen amerikanische Theoretiker das Fail-Fast – scheitere schnell – und sogar das »Fail-Fast, Learn-Fast« – scheitere schnell, lerne schnell – und heben den Lerneffekt früher Fehlschläge hervor. In den Jahren der Ausbildung ist der Geist wissbegierig und vermag sofort Lehren aus den sich bietenden Widerständen zu ziehen. Wie die Fachleute aufzeigen, sind Unternehmer, die früh scheiterten und schnell Lehren aus ihren Fehlschlägen gezogen haben, erfolgreicher – und vor allem schneller erfolgreich – als solche, deren Laufbahn ohne größere Hindernisse verläuft. Erfahrungen, auch missglückte, besitzen eine große Kraft und bringen einen schneller vorwärts als die besten Theorien.

Wenn stimmt, was die Fachleute sagen, dann wird auch verständlich, was all jenen guten, seriösen, anständigen Schulabgängern fehlt, die auf den Arbeitsmarkt kommen, ohne jemals gestrauchelt zu sein. Was sie wohl gelernt haben, wenn sie nichts weiter als die Regeln befolgt und die Vorgaben erfolgreich umgesetzt haben? Fehlt ihnen da nicht ein Sinn für den Neubeginn, für das in unserer Welt des schnellen Wandels entscheidende schnelle Reaktionsvermögen?

In meinem Beruf als Philosophielehrer habe ich bei vielen Gelegenheiten den Nutzen frühzeitiger Fehlschläge beobachten können und die daraus resultierende Fähigkeit, schneller erfolgreich zu sein.

Das Fach Philosophie steht im letzten Gymnasialjahr auf dem Lehrplan, ist also neu. Wie in keinem anderen Fach werden die Schüler zu eigenständigem Nachdenken gefordert, dürfen sich nie dagewesene Freiheiten im Umgang mit ihrem Wissen herausnehmen und sich an die großen Fragen der Existenz heranwagen. Aus heutiger Sicht kann ich nach 20 Jahren Philosophieunterricht behaupten, dass es besser ist, den ersten Aufsatz zu vermasseln, statt eine Durchschnittsnote zu kassieren und sich keine weiteren Fragen zu stellen. Eine schlechte Note zum Auftakt ermöglicht dem Schüler, das geforderte radikale Umdenken zu begreifen. Es ist besser, frühzeitig zu scheitern und sich die wahren Fragen zu stellen, statt durchzukommen, aber nicht zu begreifen, warum: Danach stellen sich schneller Fortschritte ein. Wird dieses Scheitern unmittelbar danach im Unterricht thematisiert, eröffnet sich ein leichterer Zugang zur Philosophie über das Scheitern als über den Erfolg.

Jahrelang habe ich Philosophie oder »culture générale«, wie sie offiziell genannt wird, auf Sommervorbereitungskursen für die Eingangsprüfung zur Aufnahme am Sciences Po Paris gelehrt. An den Intensivkursen im Lycée Lakanal in Sceaux, inmitten eines blühenden großen Parks, nahmen junge Abiturienten teil. Da die Prüfungen Ende August/Anfang September stattfinden, begannen die Kurse Mitte Juli und dauerten fünf Wochen. Hier konnte ich das gleiche Phänomen beobachten wie in der Schule, nur geraffter. Teilnehmer, die den Kurs mit ordentlichen Noten begonnen hatten, schafften die Prüfung zur Aufnahme am Sciences Po Paris am Ende des Sommers häufig nicht. Unter den Teilnehmern hingegen, die zu Beginn des Kurses einige richtig schlechte Noten kassiert hatten, schafften fünf Wochen später die meisten mit Bravour ihre Aufnahme an die Grande École in der Rue Saint-Guillaume. Dieses Scheitern, ihre erste »Krise« zu Kursbeginn, bot sich ihnen als Chance, sich der neuen Wirklichkeit zu stellen, die sie erwartete, während die mit den Durchschnittsnoten an dieser Stelle nichts mitnahmen. Die einen weckte das Scheitern auf, während die anderen über ihre kleinen Erfolge einschliefen. Ein relativ kurzer Zeitraum – fünf Wochen – reichte also aus, um zu zeigen, dass ein akzeptierter Fehlschlag mehr bringt als gar keiner. Mit anderen Worten, ein frühzeitiger Fehlschlag, der schnell wieder eingerenkt wird, ist mehr wert als gar kein Fehlschlag.

Diese Sicht der Dinge ist einleuchtend, in Ländern wie Deutschland und Frankreich aber kaum verbreitet. Für die amerikanischen Theoretiker stellt das Fail-Fast – das frühzeitige Scheitern als Tugend – den Gegenbegriff zum Fast-Track dar, die Vorstellung, wonach es entscheidend ist, sich so früh wie möglich auf die Fährte (»track«) des Erfolgs zu bringen, schnell erfolgreich zu sein. Letzteres entspricht in vielerlei Hinsicht der Auffassung von Erfolg, wie sie heute in Frankreich vorherrscht. Tatsächlich leiden wir an dieser Fast-Track-Ideologie.

In den USA, aber auch in Großbritannien, Finnland oder Norwegen sprechen Unternehmer, Politiker oder Sportler gerne über die Fehlschläge, die sie am Anfang ihrer Karriere erleiden mussten, und führen sie so stolz vor wie ein Krieger seine Narben. Wir hingegen definieren uns selbst unser Leben lang über die Diplome, die wir gemacht haben, als wir noch bei unseren Eltern wohnten.

Bei meinen Coachings in Unternehmen habe ich oft mit Personen in leitenden Funktionen zu tun, die sich mit HEC 76, ENA 89 oder X 80 vorstellen, sprich als Absolventen der Elitehochschulen École des hautes études commerciales im Jahr 1976, der École nationale d'administration 1989 und der École polytechnique 1980. Das überrascht mich jedes Mal wieder. Die implizite Botschaft ist klar: »Das Diplom, das ich mit zwanzig erlangt habe, verleiht mir lebenslang eine Identität und einen Wert.« Das ist das Gegenteil des Fail-Fast: Es geht nicht darum, schnell zu scheitern, sondern schnell Erfolg zu haben! Ganz so, als wäre es möglich – und wünschenswert –, sich ein für alle Mal vor Risiken zu schützen, sich auf der Fährte einer vorgezeichneten Karriere einzurichten und sich ein Leben lang über einen Erfolg zu definieren, den man mit 20 errungen hat. Steckt hinter dem Diplomwahn etwa die Angst vor dem Leben, vor der Wirklichkeit, mit der wir glücklicherweise ständig konfrontiert werden, durch ein Scheitern oft sogar noch schneller? Die

Lebensläufe von Richard Gasquet und Rafael Nadal scheinen jedenfalls zu bestätigen, dass es besser ist, ab und zu die Erfolgsfährte zu verlassen – und zwar möglichst früh. Im Übrigen kann man bei dieser Gelegenheit die eigene Widerstandsfähigkeit erproben. Damit kommen wir zu einer weiteren Tugend des Scheiterns: Wir müssen einmal gescheitert sein, um zu wissen, dass wir wieder aufstehen können. Je früher wir damit anfangen, desto besser.

Die schädlichen Auswirkungen der Fast-Track-Ideologie sind in einem weiteren Bereich des französischen Bildungssystems zu spüren. Der Lehrkörper ist in zwei Kategorien unterteilt. Wer auf höheres Lehramt studiert und nicht die Agrégation, sondern nur das CAPES geschafft hat, unterrichtet 18 Stunden pro Woche. Wer hingegen die Agrégation erlangt hat, unterrichtet 14 Stunden pro Woche und ist besser bezahlt. Im Laufe der Karriere werden diese Unterschiede noch größer. Vom Fail-Fast-Prinzip sind wir also noch meilenweit entfernt. Wer mit 22 Jahren seine Agrégation nicht geschafft hat, muss mit Mehrarbeit für weniger Geld bis ans Ende seiner Tage dafür bezahlen. Ein absurdes System, das den Wert von Erfahrung im Beruf negiert.

Dieser Logik entsprechend, müssen die Schüler ab der zehnten Klasse wissen, was sie später studieren wollen, und haben Beklemmungen bei dem Gedanken, dass die Entscheidung für eine Fachrichtung ihnen Türen verschließen wird. Sie sind noch keine 16 Jahre alt und werden schon vor falschen Weichenstellungen gewarnt. Stattdessen sollte man ihnen die Angst nehmen und ihnen sagen, dass man manchmal seinen Weg schneller findet, wenn man erst einmal irrt, dass es Fehlschläge gibt, die einen schneller vorwärtsbringen als Erfolge. Man sollte ihnen von dem Tag erzählen, an dem Nadal gewonnen hat, als er gegen Gasquet verlor. Oder ihnen schildern, wie die Professoren der Medizinfakultät von Boston die Bewerber auswählen. Weil es zu viele Kandidaten gibt, die Medizin studieren wollen, und auch zu viele, die auf den ersten Blick alle erforderlichen Kriterien erfüllen, ziehen die Professoren Bewerber vor, die schon mal gescheitert sind. Die besten Chancen haben Studenten, die bereits ein anderes Studium angefangen, aber dann gemerkt haben, dass es ein Fehlgriff war, und jetzt Medizin studieren wollen. In den Augen der Professoren helfen solche Fehlentscheidungen, schneller zu wachsen und sich schneller der eigenen Berufung zu nähern, kurzum, sich selbst besser kennenzulernen. Ganz praktisch vermindert sich so auch das Risiko, Studenten aufzunehmen, denen nach ein paar Monaten klar wird, dass sie doch nicht Arzt werden wollen: Sie haben bereits einen neuen Weg eingeschlagen, unwahrscheinlich also, dass sie es noch einmal tun.

Die Gymnasiasten und Studierenden sind nicht die Einzigen, die unter der Fast-Track-Ideologie zu leiden haben. Für einen Unternehmer stellt eine Pleite ein kaum zu überwindendes Hindernis dar. Damit ist er gebrandmarkt und wird es sehr schwer haben, die Finanzierung für ein neues Projekt zu finden. In den USA, einer Kultur des Fail-Fast, wird sein

Scheitern – wenn er es gut vermittelt – als Erfahrung, als Beweis von Reife und als Garantie dafür gesehen, dass er eine bestimmte Art von Fehlern nicht mehr machen wird. Vielleicht bekommt er sogar leichter einen Kredit gewährt, als wenn er nicht gescheitert wäre. Hierzulande ist das genaue Gegenteil der Fall. Bis 2013 gab es in der Banque de France eine Kartei – »fichier 040« – mit den Namen sämtlicher Unternehmer, die ein Insolvenzverfahren durchlaufen hatten. Wer in dieser Kartei stand, war gebrandmarkt und konnte sicher davon ausgehen, nie mehr eine Finanzierung für ein Projekt zu bekommen. Inzwischen wurde sie per Gesetz abgeschafft, doch die Vorbehalte der Banker und Investoren sind geblieben.

Scheitern hat in Frankreich und Deutschland oft mit Schuld zu tun. In den USA bedeutet es, wagemutig zu sein. Wer hier hingegen jung scheitert, hat es nicht geschafft, sich selbst auf den richtigen Weg zu bringen. Wer in den USA scheitert, hat schon früh begonnen, den eigenen Weg zu finden.

Letztendlich macht dieses Problem eines deutlich: Wir messen dem Verstand eine viel zu große Bedeutung bei – und den Diplomen, die den Triumph des Verstandes über die Erfahrung sanktionieren. Als Kinder von Platon und Descartes sind wir zu sehr Rationalisten und nicht Empiriker genug. Es ist also kein Zufall, dass die meisten Philosophen des Empirismus aus dem angelsächsischen Raum kommen: John Locke, David Hume, Ralph Waldo Emerson … Im

Kern sagte David Hume: Was wir von der Welt wissen, das wissen wir aus Erfahrung. Und der Amerikaner Emerson ein gutes Jahrhundert später: »Das Leben ist ein Experiment. Je mehr Erfahrungen man macht, desto besser.«

Die Erfahrung des Scheiterns ist die unmittelbare Erfahrung des Lebens selbst. Erfolgstaumel empfinden wir häufig als Schwebezustand. Er lässt sich zugegebenermaßen nicht »fassen«. Beim Scheitern hingegen stoßen wir auf eine Wirklichkeit, die wir vorher nicht kannten und die uns vor den Kopf stößt. Ist nicht das wahre Leben das, was uns überrascht, mit sich reißt und von keiner Theorie erklärt werden kann? Je schneller wir scheitern, desto früher hinterfragen wir das Leben.

2

NUR WER IRRT, KANN VERSTEHEN

– Die epistemologische Sicht –

> »Es gibt keine Wahrheit ohne korrigierte Irrtümer.« *Gaston Bachelard*

Der Dichter und Denker Gaston Bachelard definierte einen Gelehrten wie folgt: Er erkennt seinen anfänglichen Irrtum und findet die Kraft, ihn zu korrigieren.

Bachelard zufolge sind die großen Wissenschaftler Menschen wie du und ich: Erst irren sie und machen sich falsche Vorstellungen von den Dingen. So glaubten sie, dass ein Schwamm »saugt« und ein Stück Holz »schwimmt«. Was sie jedoch zu Wissenschaftlern macht, ist, dass sie es nicht bei diesen ersten Überzeugungen belassen. Sie stellen Versuche an, um ihre Gültigkeit zu testen, und besitzen den außerordentlichen Mut, ihren anfänglichen, durch Berührung mit der Wirklichkeit, mit den Naturgesetzen aufgezeigten Irrtum zu korrigieren. So begriffen sie, dass ein Schwamm nicht »saugt«, sondern die Wassertropfen der Umgebung in die Hohlräume dringen. Und auch, dass ein Stück Holz nicht aktiv auf dem Wasser schwimmt, sondern dass es mit dem Verhältnis von Masse und verdrängtem Wasservolumen zu tun hat, nach dem Archimedischen Prinzip, wonach ein Körper schwimmt, wenn die Auftriebskraft größer als die Gewichtskraft ist. Daraus folgt die radikale Schlussfolgerung von Bachelard, dass es »keine Wahrheit ohne korrigierte Irrtümer« gibt.

In seinem Werk *Die Bildung des wissenschaftlichen Geistes* geht er die gesamte Wissenschaftsgeschichte durch und zeigt auf, dass nicht ein einziger Wissenschaftler zur Wahrheit gelangt ist, ohne den Weg des Irrtums gegangen zu sein. Wie beim Carambolage-Billard gibt es keinen direkten Weg zur Wahrheit. Unsere ersten Intuitionen sind zu naiv, um uns die Gesetze der Natur zu enthüllen. Sie zeigen, wie unser Geist funktioniert, nicht, wie die Welt funktioniert. Demnach müssen wir den illusorischen Charakter unserer ersten Intuitionen erkennen, ihr Scheitern erfahren, um uns der Wahrheit zu nähern. Wir müssen, wie Bachelard schreibt, »zuvor den unsauberen Komplex erster Anschauungen kritisiert und aufgelöst« haben, was Ausdauer und Mut erfordert. Korrigierte Irrtümer hingegen gleichen einem Trampolin: In der Dynamik, die zum Wissen führt, sind sie Impulsgeber. Irrtümer ermöglichen nicht nur ein schnelleres Lernen: Für den Wissenschaftler werden korrigierte Irrtümer zum einzigen Mittel des Lernens, sind sie der einzige Weg zur Entdeckung der Wahrheit. Ein Wissenschaftler, der nie Problemen begegnet und nie das Scheitern seiner ersten Intuitionen erfährt, wird nie etwas finden.

Thomas Edison, der Gründer von General Electric, hat mehr als tausend Erfindungen patentieren lassen. Er hat sowohl den Phonographen als auch den Kinetografen erfunden, der das Zeitalter des Kinos einleitete. Doch zuvor, im Laufe des Jahres 1878, hat er nächtelang in seiner Werkstatt in New Jersey versucht, die Glühlampe zu entwickeln. Wie besessen und sich nicht mehr als vier Stunden Schlaf pro Nacht gönnend, unternahm er tausend Versuche, um in einem mit Gas gefüllten Glaskolben einen Wolframfaden zum Glühen zu bringen. Warum ist er nicht verzweifelt? Was hat ihn angetrieben, es immer weiter zu versuchen? Auf diese Fragen bekommt man dann oft als Antwort zu hören, dass er einen außerordentlich starken Willen hatte, als wäre schlicht Hartnäckigkeit der Schlüssel zu seinem Erfolg gewesen. Dabei gerät das Wesentliche aus dem Blick: Thomas Edison war fasziniert davon, was ihn seine Fehlschläge alles über die Naturgesetze lehrten. Er wusste, dass man, um Erfolg zu haben, erst scheitern muss. Dass kein Wissenschaftler jemals die Wahrheit auf den ersten Blick gesehen hat. Thomas Edison gelang es schließlich, die erste elektrische Glühlampe zum Leuchten zu bringen. Das Geheimnis seines Einfallsreichtums liegt in seiner Beziehung zur Wirklichkeit. Er hat sie nie als Knetmasse betrachtet oder als Gelegenheit, um seine Macht zu demonstrieren. Im Gegenteil, sie war für ihn der Stoff, den es zu hinterfragen, das Rätsel, das es zu beleuchten galt – eine unerschöpfliche Quelle des Staunens.

Seine Haltung zeigt, wie wir unser Verständnis vom Scheitern verändern können. Auch wenn der Wolframfaden nicht glühen will, Thomas Edison »scheitert« nicht: Er probiert immer weiter. Er bleibt neugierig. Er weiß, dass am Verständnis der Wahrheit zu scheitern die Voraussetzung dafür ist, sich ihr zu nähern.

Wird eine Theorie durch einen Versuch bestätigt, beweist dies nicht, dass sie wahr ist: Der Versuch, der sie widerlegt, ist vielleicht noch nicht gemacht worden. Wird eine Theorie durch einen Versuch widerlegt, beweist dies, dass sie falsch ist. Der Versuch, der eine Theorie widerlegt, treibt die Erkenntnis entscheidender voran als der Versuch, der gelingt. »Aus einer Niederlage lernt man mehr als aus einem Sieg«, lautet ein japanisches Sprichwort. Anders ist die Unverdrossenheit der Wissenschaftler nicht zu erklären. Auch wenn ihnen der experimentelle Nachweis einer Hypothese nicht gelingt, haben sie keine Zeit verloren; das bringt sie weiter. Sie ertragen Niederlagen, weil sie ihnen etwas über das Wesen der Dinge zuraunen.

Irren als Tugend wird in allen Forschungslabors gelehrt, egal, ob für Medizin, Neurowissenschaft, Biologie, Physik oder Astrophysik. In der Spitzenforschung werden Irrtümer analysiert und als normal angesehen – wie der Stoff, aus dem Wahrheiten gemacht werden. Also das genaue Gegenteil dessen, was in der Schule gelehrt wird: Irren als Untugend. Natürlich gibt es auch Lehrkräfte, die der Überzeugung sind, dass man nur durch Irren lernen kann, aber das scheint nicht die Devise der Schulpolitik zu sein. Wie ist sonst die Verachtung zu erklären – jetzt, wo wir Bachelards überzeugende These kennengelernt haben –, mit der Schülerinnen und Schüler bestraft werden, wenn es ihnen nicht gelingt, die unterrichteten Methoden zu begreifen oder einfach anzuwenden? Nicht selten wird mit dem Finger auf diejenigen gezeigt, die Übungen verhauen. Ihre schlechten Ergebnisse werden mangelndem Fleiß, fehlendem Willen oder, noch schlimmer, fehlender Intelligenz zugeschrieben. Dabei könnte man sie als Etappen auf dem Weg des Verständnisses sehen. Es ist schon erstaunlich festzustellen, dass die meisten Schüler der vierten und fünften Klasse die Tatsache, sich zu irren, als demütigend empfinden, wo doch die Forscher auf der ganzen Welt dies als normal, bildend, notwendig erachten.

Wie die PISA-Studien – von der OECD in den Mitgliedsstaaten durchgeführte Schulleistungsuntersuchungen – gezeigt haben, ist bei französischen Schülern die Angst zu irren besonders stark ausgeprägt. Das belegt ihr Verhalten bei Multiple-Choice-Tests: Obwohl sie den Wissensstoff überdurchschnittlich gut beherrschen, kreuzen sie lieber nichts an, statt möglicherweise falsch zu antworten. Irrtum wird in ihrer Ausbildung viel zu stark unterbewertet, mehr noch: Irren ist ein Drama und eine Schande.

Man sollte sie daran erinnern, dass Genies und Wissenschaftler, aber auch Künstler sich geirrt haben. Sie entdecken lassen, was sie bei näherer Betrachtung der Fehler alles verstanden haben und was sie alles *niemals* verstanden hätten, wenn sie keine Fehler gemacht hätten. Ihnen die Skizzenhefte von Malern mit retuschierten, ausradierten, überzeichneten Studien zeigen; die mit Korrekturen überfrachteten, stellenweise wütend durchgestrichenen Partituren von Komponisten. Wenn man sich Marcel Prousts Manuskripte anschaut, insbesondere seinen Roman *À l'ombre des jeunes filles en fleurs*, der in der Bibliothèque nationale de France aufbewahrt wird, wimmelt es nur so von Streichungen und Korrekturen, von geänderten und umgestellten Sätzen. Es ist deutlich erkennbar, dass manche von ihnen erst nach mehreren gescheiterten Versuchen zustande gekommen sind. Die schönsten Passagen sind nicht auf Anhieb aus seiner Feder geflossen. Er musste verfehlen und wieder verfehlen, besser verfehlen, bis es endlich gut war. Vermutlich wollte Samuel Beckett genau das sagen, als er schrieb: »Wieder scheitern. Besser scheitern.« So lautete seine Definition des Künstlerberufs – und es ist zugleich das Geheimnis eines erfüllten Lebens.

Der Tennisprofi Stan Wawrinka, Turniersieger bei den French Open 2015 sowie bei den Australian Open und den Monte-Carlo Rolex Masters 2014, hat das anscheinend begriffen, denn er ließ sich die ganze Passage aus Samuel Becketts *Worstward ho. Aufs Schlimmste zu* im Original auf den linken Vorderarm tätowieren: »Ever tried. Ever failed. No matter. Try again. Fail again. Fail better.« – »Immer versucht. Immer gescheitert. Einerlei. Wieder versuchen. Wieder scheitern. Besser scheitern.« Auf die Frage, warum er das getan hat, lautete seine Antwort, diese Worte von Samuel Beckett hätten ihn immer getragen, und außerdem gebe es keine bessere Hoffnungsbotschaft.

Die Fehlversuche im künstlerischen Schaffensprozess ähneln den Irrtümern der Wissenschaftler: Sie sind unangenehm, werden aber als notwendige Etappen gesehen, wie Vorstufen zum fertigen Werk. Ohne Kultur des Irrtums wären diese Fehlversuche schmerzlicher. Künstler und Wissenschaftler würden gelähmt sein vom Gefühl des Scheiterns, so wie wir es manchmal sind. Doch stattdessen machen sie sich wieder an die Arbeit, auch wenn sie leiden, und lassen sich mit offenen Augen und Freude im Herzen auf jeden neuen kleinen Schritt ein. Genau genommen wird ein »normaler« Irrtum zum schmerzhaften Fehlschlag, wenn wir damit nicht fertigwerden, wenn sich das Gefühl einstellt, versagt zu haben. Eine Kultur des Irrtums schützt dagegen vor dem Gefühl des Versagens.

Jeder Schüler, der sich von wissenschaftlichen Fächern abgeschreckt fühlt, sollte lernen, dass der Wissenschaftler in erster Linie jemand ist, der keine Angst davor hat zu irren, und dass wissenschaftlicher Fortschritt nichts anderes ist als eine Folge von Korrekturen, wie Bachelard erklärt. Jeder Schüler, der bei einem Aufsatzthema wie gelähmt die weiße Seite vor ihm anstarrt, sollte einen Blick auf die überkritzelten Manuskripte von Marcel Proust werfen. Die Lehrer ihrerseits sollten aufhören, Schüler, die schlechte Aufsätze abgegeben haben, mit Beurteilungen wie »konfus« oder »mangelhaft« niederzumachen. Was spricht eigentlich gegen die Verwendung offenerer Formulierungen wie »Machen Sie's wie Proust, überarbeiten Sie Ihren Text«?

»Irren ist menschlich«, sagt ein Sprichwort. Für gewöhnlich hat es die Konnotation von »nicht so schlimm« und »verzeihlich«. Möglicherweise birgt der Ausspruch aber noch einen tieferen Sinn, wie Bachelards These nahelegt: Irrtum ist die menschliche – die dem Menschen ureigene – Art zu lernen. Weder Tiere noch Maschinen noch Götter, wenn sie denn existieren, lernen auf diese menschliche Weise.

Wem diese Redewendung genau zu verdanken ist, verliert sich im Dunkeln. Wir finden sie bei den Stoikern wie Seneca oder Cicero ebenso wie bei christlichen Autoren wie Augustinus. Aber wir vergessen nur allzu oft, sie vollständig wiederzugeben: *Errasse humanum est, sed in errore perseverare diabolicum* – Irren ist menschlich, aber im Irrtum zu verharren, ist teuflisch. Wenn der Mensch tatsächlich nur durch Irrtum lernen kann, bedeutet das Verharren im Irrtum, dass er sich im Unwissen einrichtet und selbst dazu verdammt, niemals etwas zu begreifen.

Eines Tages bekam ich von einem Firmenchef zu hören: »Wenn einer meiner Mitarbeiter einen Fehler macht, sage ich ihm ›gut so!‹ Macht er diesen Fehler aber ein zweites Mal, sage ich ihm, ›du bist ein Idiot!‹« Anfangs gefiel mir dieser Satz überhaupt nicht, ich fand ihn anmaßend, fast verächtlich. Doch das hieße, die Lehren der großen Künstler und Wissenschaftler zu vergessen. Inzwischen finde ich ihn ziemlich weise.

3

DIE KRISE ALS SICH ÖFFNENDES FENSTER

– Eine Fragestellung unserer Zeit –

»Wo aber Gefahr ist, wächst das Rettende auch.« *Friedrich Hölderlin*

Krise als Kairos

Allzu oft nehmen wir unser Scheitern wie eine Tür wahr, die sich schließt. Aber was, wenn sich damit zugleich ein Fenster öffnet?

Das Wort »Krise« geht auf das griechische Verb *krínein* zurück, das »trennen« bedeutet. In einer Krise scheiden sich zwei Dinge und bilden eine Öffnung, einen Raum, der etwas lesbar macht. Im eigentlichen Sinne bedeutet Krise also Spalt: eine Öffnung, durch die etwas sichtbar wird. Bei den Griechen bezeichnet *kairós* den Zeitpunkt, in dem die Wirklichkeit sich auf noch nie da gewesene Weise offenbart; der Kairos ist mit anderen Worten ein »günstiger Zeitpunkt« beziehungsweise der »richtige Augenblick«. Demnach ist die Krise, als Kairos betrachtet, eine Gelegenheit, Verborgenes zu verstehen, Verdecktes zu lesen.

Diese positive Kraft der Krise bekommen wir in allen Bereichen zu spüren, von den Naturwissenschaften bis zu den Wirtschaftswissenschaften, in der Privatsphäre wie in der Politik.

Die Geschichte des medizinischen Fortschritts ist im Wesentlichen eine Geschichte der Krankheiten. Über das Studium des Körpers »in der Krise« und seiner Funktionsstörungen sind die Ärzte auf dem Weg der Erkenntnis weitergekommen, wobei jede neue Krankheit ein sich öffnendes Fenster zum besseren Verständnis unseres Stoffwechsels ist. Wir befassen uns mit dem menschlichen Körper, wenn etwas nicht funktioniert, und verstehen dadurch besser, wie er funktioniert. Ein Beispiel sind die Diabetesfälle, die die Ärzte dazu gebracht haben, sich zu fragen, wie Zucker im Körper verarbeitet und dessen Gehalt im Blut reguliert wird. Ohne Diabetiker hätten die Ärzte sicherlich erst viel später entdeckt, welche Rolle das Hormon Insulin bei dieser Regulierung spielt.

Das Gleiche gilt für Werkzeuge und Maschinen, die wir verwenden. Ihr Versagen ist oft Ausgangspunkt zum Nachdenken und Verstehen. Es wirft Fragen auf, die wir uns ansonsten nicht gestellt hätten. Jeder, der mit seinem Auto irgendwo in der Pampa liegen geblieben ist, die Motorhaube geöffnet und sich zum ersten Mal in seinem Leben gefragt hat, wie ein Motor funktioniert, kennt das. Auch hier gilt: Erst wenn etwas nicht funktioniert, fragen wir uns, wie es eigentlich funktioniert. Wenn wir mit 180 Sachen über eine sonnenbeschienene Straße preschen, die sich vor unseren

Augen entrollt, stellen wir uns diese Frage zugegebenermaßen nicht. Da geben wir uns ganz dem Geschwindigkeitsrausch hin. Die Weisheit des Scheiterns beginnt mit der ersten Panne: Die Motorhaube öffnet sich wie ein Fenster zur Funktionsweise des Motors.

Im Bereich der zivilen Luftfahrt werden alle Flugunfälle durch eine unabhängige Stelle untersucht (in Frankreich durch die BEA, in Deutschland durch die BFU/Bundesstelle für Flugunfalluntersuchung). Da jede dieser Katastrophen wertvolle Erkenntnisse für die Sicherheit im Flugverkehr liefert, werden sämtliche Akteure des Flugverkehrs über die Ergebnisse der Untersuchungsberichte in Kenntnis gesetzt. Nach dem Absturz eines Linienflugs von Rio de Janeiro nach Paris im Jahr 2009, das bisher schwerste Unglück in der Geschichte von Air France, ergab die Auswertung der Datenschreiber, dass eine der Hauptursachen der temporäre Ausfall der die Geschwindigkeit des Flugzeugs messenden Pitotsonden war, die durch Eiskristalle verstopft worden waren. Als Folge funktionierte die Geschwindigkeitsanzeige nicht mehr richtig, weshalb die Piloten nicht angemessen reagieren konnten. Air France und andere Airlines wechselten daraufhin in allen Flugzeugen die Sonden aus. Dieser Unfall war das Kairos für eine allgemeine Verbesserung der Sicherheit aller Passagiere.

In der Geschichte finden sich viele solcher Krisen, die zu Fenstern in die Zukunft wurden, viele tragische Momente, die Kairoi gewesen sind. Die erfolgreiche Landung der Alliierten in der Normandie am 6. Juni 1944 steht in allen Geschichtsbüchern, allerdings meistens ohne zu erwähnen, dass die gescheiterte »Operation Jubilee« wichtige Erkenntnisse dafür lieferte. Am Morgen des 19. August 1942 versuchten kanadische und britische Einheiten am Strand von Dieppe zu landen, doch die Operation endete in einem Fiasko. Von den 6000 Mann im Einsatz gab es 4000 Gefallene und Gefangene zu beklagen. Der Fehler der Alliierten bestand darin, dass sie im Vorfeld keine Bombardierung aus der Luft und zu See vorgenommen hatten und einen Frontalangriff auf einen gut verteidigten Hafen durchführen wollten. Mitten in dieser Krise begriffen sie, dass die Landung der Alliierten an der französischen Küste getarnt sein und ihr ein Täuschungsmanöver vorausgehen musste, um zu gelingen.

Lektionen dieser Art erteilen uns auch Lebenskrisen. Eine Beziehungskrise ist oft eine gute Gelegenheit, um besser zu verstehen, wonach der eine und der andere sich sehnen und auf welcher Basis beide, wenn überhaupt, zusammen glücklich sein können. Und was ist eine Depression anderes als eine, wenn auch schmerzhafte, Einladung, ein Fenster zu öffnen zu dem, was wir nicht sehen wollen? Vielleicht ist es sogar Sinn und Zweck einer Depression, uns zum Innehalten zu zwingen, damit wir uns über uns selbst klar werden, über die Diskrepanz zwischen unserem Leben und unseren Erwartungen, über unsere Weigerungen und unbewussten Wünsche. Wie viele von uns haben nie über ihr Unterbewusstsein nachgedacht, bevor sie einen psychischen Zusammenbruch erlitten? Auch hier scheint zu gelten: Erst wenn nichts mehr geht, fangen wir an zu fragen, wie es geht. Die Symptome einer Depression weisen darauf hin, dass es »unter der Motorhaube« des Bewusstseins etwas gibt, das erhellt, entziffert, gehört werden muss. Dies kann der Beginn eines heilsamen Abenteuers sein, einer Psychoanalyse, die uns bewusster für uns selbst, klarsichtiger für unsere Vielschichtigkeit, kurzum: weiser macht. Die Depression wäre demnach der Kairos, der günstige Zeitpunkt, um das Fenster zu den Rätseln unseres Innenlebens zu öffnen.

Die vielen Krisen, die die Geschichte des Kapitalismus kennzeichnen, scheinen ebenfalls Fenster zu sein, die den Blick auf die Wirklichkeit des Kapitalismus öffnen. Was sie genau offenbaren, dürfte freilich schon allein aufgrund der Tatsache, dass sie sich wiederholen, nicht leicht zu untersuchen sein.

Nehmen wir das Beispiel der Subprime-Finanzkrise, die im Sommer 2007 ausbrach. Ihre schnelle, globale Ausweitung, die Übertragung der Finanzkrise auf die Realwirtschaft, das Platzen der Spekulationsblase, die hätte antizipiert werden können und so weiter –, allen Unterschieden zum Trotz lassen zu viele Aspekte an den Börsenkrach von 1929 denken. Es scheinen vor diesem Hintergrund nur bedingt Fortschritte in den Wirtschaftswissenschaften erkennbar. Die Wirtschaftsexperten möchten wie Flugzeugingenieure sein, die in der Lage sind, nach jedem Unfall die Stabilität und Zuverlässigkeit ihrer Systeme zu erhöhen. Nur dass Fortschritte auf ihrem Gebiet strittiger sind. Das zeigt einmal mehr, dass wir wachsam bleiben sollten und Krisen wirklich als Gelegenheit begreifen, zu entdecken. Nur weil sich ein Fenster öffnet, ist nicht sicher davon auszugehen, dass wir verstehen, was sich da zeigt.

Krisen treiben einen Riss durch die Wirklichkeit, egal, ob sie im Körper oder in der Seele, auf der Bühne der Geschichte oder im Privatleben stattfinden, und geben jäh den Blick auf Verborgenes frei. Das bringt der Dichter Hölderlin mit seinem berühmten Vers auf den Punkt: »Wo aber Gefahr ist, wächst das Rettende auch.« Immer vorausgesetzt, wir halten die Augen offen, um das Rettende zu sehen, wenn es auftaucht.

Unsere kollektive Krise

In Zeiten der politischen, sozialen, wirtschaftlichen Krisen und vor allem der »Identitätskrise« Frankreichs kann es nützlich sein, über Hölderlins Vers nachzudenken. Denn unser Repräsentationssystem funktioniert nicht mehr: Wir können uns nicht mehr vorstellen, was Frankreich ist und erst recht nicht, was Europa ist; wir haben kein Vertrauen mehr in unsere Volksvertreter. Mit jedem Staatspräsidenten wird ein neuer Unbeliebtheitsrekord aufgestellt, die herkömmlichen Parteien verlieren massenweise Mitglieder. Nicht selten müssen wir ins Ausland, um wieder zu spüren, was es heißt, Franzose zu sein. Selbst wenn wir Opfer eines Terroranschlags werden, sind wir nicht länger als einige Tage zu echter nationaler Einheit fähig. Die Flüchtlingskrise wirft ein Licht auf unsere Identitätskrise: Wir sind weder fähig, diese Menschen aufzunehmen, noch fähig, sie abzulehnen. Wir sehen uns als Vorzeigeland für Menschenrechte, nehmen aber nur ein paar Zehntausend Flüchtlinge auf, wo Deutschland eine Million Menschen aufnimmt. Andererseits wollen wir ihnen die Tür auch nicht völlig verschließen, so wie Österreich das tut. Wir appellieren an die Menschenrechte, tatsächlich verhalten wir uns aber ähnlich wie Österreich. Diese Schizophrenie zeigt, dass wir nicht mehr wissen, wer wir sind. Wir haben den Sinn für unsere gemeinsame Zukunft, für unser Selbstbild, für unsere Selbsterzählung verloren. Im Grunde genommen wissen wir nicht mehr, was es bedeutet, Franzosen zu sein.

Auch kollektive Krisen sind sich öffnende Fenster. Wie Hölderlins Vers nahelegt, zeigen sie *gleichzeitig* die Gefahr und das Rettende auf. Diese doppelte Wahrheit der Krise verkennen wir, wenn wir die schwierige Phase, die wir durchlaufen, nur als das Ende der Größe Frankreichs verstehen. Blind vor Sorge verlieren wir aus dem Blick, dass eine Krise nicht nur ein Ende, sondern auch ein Anfang ist. Sie bedeutet immer eine Wende. Indem wir die Augen auf die Vergangenheit richten und »früher war alles besser« wie ein Mantra wiederholen, hindern wir uns selbst daran, in die Gefahr hineinzuhorchen und das Rettende auftauchen zu sehen.

Um das zu schaffen, braucht es unsere ganze Aufmerksamkeit; wir dürfen auf keinen Fall vor der Vielschichtigkeit der Gegenwart flüchten, indem wir uns in eine herbeifantasierte Vergangenheit, in Grübelei und Ressentiments verkriechen. Beherzigten wir den Vers Hölderlins wirklich, dann würden wir diese Krise anders wahrnehmen. Sie würde unsere Neugier wecken, statt unsere Verdrossenheit weiter zu schüren. Wir würden ans Fenster treten, zitternd angesichts der Gefahr, aber erfüllt von dem Verlangen nach dem Versprechen einer neuen Morgenröte.

Wer sich durch eine Fixierung auf Identität klein machen lässt und dabei in Angst und Klagen verfällt oder sich in sein Schneckenhaus zurückzieht, wird schwermütig. Alle, die immer und immer wieder unsere einstige Größe beschwören und unser Schicksal beklagen, wollen uns in den Strudel ihrer traurigen Leidenschaft hineinziehen. Die größte Strafe für einen sich grämenden Geist ist eine hoffnungsvolle Seele.

»There is a crack in everything, that's how the light gets in«, singt Leonard Cohen in seinem Song »Anthem« – »Jedes Ding hat einen Riss, so kommt Licht hinein«. Krisen sind wie diese Risse: Sie filtern das Licht und lassen es darum umso heller erstrahlen.

Was wäre, wenn die Wahrheit des Abendlandes – etymologisch das Land der untergehenden Sonne – in diesem Lichtstrahl erschiene? In seiner Antrittsvorlesung am Collège de

France im Jahr 2016 fragte der Mediävist Patrick Boucheron nach der Wahrheit des Abendlandes und stellte fest, dass sie weniger in dem Gefühl einer klaren, unumwundenen Macht zu finden ist als im »Licht des Untergangs«. In allen großen Epochen der Geschichte des Abendlandes sei das Gefühl seines Untergangs vorherrschend gewesen. Schon im Mittelalter zur Zeit der Religionskriege hätten sich die Menschen schwergetan, der Idee von Westeuropa etwas Positives abzugewinnen. Sie waren, um den Historiker Lucien Febvre zu zitieren, »die traurigen Menschen des 16. Jahrhunderts«. In den Jahrhunderten zuvor hatte die Idee von Westeuropa nur die allgemeine Bedeutung »von Maghreb, der für die arabischen Geografen die Seite der untergehenden Sonne und der bösen Omen war«, betont Boucheron. Dem »Maghreb« (aus arabisch *maġrib*, »Land der untergehenden Sonne«, der Westen) stellte man damals »Maschrik«, die Levante, entgegen. Und wie der Historiker ergänzt: »Vom Untergang des Abendlandes zu sprechen, ist an sich fast ein komischer Pleonasmus, da sein Name eben jene Länder umfasst, in denen die Nacht hereinbricht.« Für Patrick Boucheron liegen die Wahrheit und Schönheit des Abendlandes gerade in diesem »Licht des Untergangs«: Unsere Eigenschaft, besorgt zu sein und zu zweifeln, macht uns groß und verrät einen hohen Grad an Zivilisiertheit.

»Wer ist dieses Wir?«, fragt Patrick Boucheron. »Derart angeschlagen durch die erbärmliche Regression der Identität, die unser heutiges Dasein belastet, entfernt sich dieses Wir dergestalt von dem, was das wertvollste Erbe seiner Geschichte darstellt: die Sehnsucht nach Europa. Mit anderen Worten, das intensive Gefühl der Besorgtheit des In-der-Welt-Seins als starke Triebfeder seiner Größe und Unzufriedenheit.«

Boucheron zufolge besteht die Eigenart des Abendlandes darin, dass es seit jeher vermochte, seine Strahlkraft und seine Besorgtheit zu verbinden und so seine Unzufriedenheit zu einer treibenden Kraft zu machen, zur Triebfeder der humanistischen Idee. Er beklagt, dass unsere Besorgtheit uns heute in die Versuchung der Abschottung und einer »erbärmlichen Regression der Identität« führt.

In Frankreich erleben wir momentan sehr wohl eine Niederlage. Die Sonne geht unter über dem, was wir einmal waren. Es ist nicht mehr das Land, wo es sich gut leben lässt; jenes Land, das die Fähigkeit zur Integration der Differenzen im Projekt einer Republik besaß. Unsere Stimme, die früher auf der ganzen Welt Gehör fand, trägt nicht mehr. Außer in vereinzelten Bereichen wie Mode, Luxus oder Gastronomie sind wir für andere Völker kein Vorbild mehr. Wir können uns erst wieder erheben, wenn wir uns im Abendland auf unsere Fähigkeit zurückbesinnen, unsere Größe im »Licht der untergehenden Sonne« zu zeigen.

Aristoteles hat uns gewarnt: Es ist schwer, den Kairos beim Schopf zu packen. In der griechischen Mythologie ist Kairos ein glatzköpfiger Gott mit einer Haarlocke. Wenn man seiner habhaft zu werden versucht, rutscht die Hand an seiner Glatze ab, es sei denn, man bekommt seine paar Haare zu fassen. Dafür muss man ein gutes Auge haben und behände sein – und die Herausforderung lieben. Das ist es, was uns heute vermutlich fehlt. Es ist verlockend einfach, sich an eine fiktive Vergangenheit zu krallen, um eine erstarrte und in sich verschlossene Identität zu verteidigen; Ängste zu schüren, um sich gegen den Wandel der Zeit zu stemmen. Die Geschichte zeigt: Es ist einfacher, aber auch gefährlicher, mit der Angst zu spielen, als Mut zu wecken.

Ende und Anfang, Niederlage und Hoffnung, Traurigkeit und Freude sind gleichzeitig da. Das ist nicht einfach zu verstehen. Das genuin Politische zeichnet sich für Hannah Arendt dadurch aus, dass es ein neues Zeitalter einläutet. Andernfalls ist es gleichbedeutend mit dem Erledigen der laufenden Geschäfte. Für die Autorin der *Vita activa* ist die Tugend des Anfangs die politische Tugend schlechthin. Bezogen auf unsere kollektive Krise wagen wir also zu fragen: Was *fängt an*? Genauer: Was fängt an, das *von Interesse* ist? Wer der reaktionären Erstarrung verfällt, flüchtet vor dieser schönen, per se politischen Frage, weil er von einer anderen Frage verfolgt wird: Was ist verloren? Eine durchaus legitime Frage. Aber nicht, wenn es sonst keine Fragen mehr gibt. Wer zulässt, dass diese Frage alle anderen verdrängt, verkennt die positive Kraft der Krise und die Schönheit des Politischen.

4

SCHEITERN FESTIGT DEN CHARAKTER

– *Die dialektische Sicht* –

»Schwierigkeiten ziehen den Mann mit Charakter an, denn indem er sie anpackt, verwirklicht er sich selbst.«
Charles de Gaulle

Monique Serf zieht im Jahr 1950 von Paris nach Brüssel in der Hoffnung, dort ihren Traum der »singenden Pianistin« verwirklichen zu können. Doch ohne Mittel und Beziehungen finden sich nur schwer Lokale, die ihr eine Chance geben wollen. Als es endlich so weit ist, versucht sie es mit Chansons von Piaf und Gréco, muss aber aufgeben, weil die Buhrufe aus dem Publikum zu laut sind. Irgendetwas an der Art, wie sie sich auf der Bühne gibt, kommt nicht gut an: Sie hat etwas Strenges und Steifes, das nicht zum Zeitgeist passt. Ende 1951 kehrt sie für eine neue Konzertreihe nach Paris zurück. Nach einem Versuch im Cabaret »La Fontaine des Quatre-Saisons« wird ihr endlich ein Job angeboten. In der Küche. Für ein Jahr. Als Tellerwäscherin. Sie nimmt diesen Job an. Sie nennt sich noch nicht Barbara.

Sie lässt sich durch ihre Misserfolge nicht von ihrer Berufung abbringen. Im Gegenteil, die Berührung mit ihnen lässt sie ihre Kraft spüren und festigt ihren Charakter. Letztlich stellen Fehlschläge unsere Wünsche auf die Probe. Wir können sie nutzen, um unsere Absichten zu hinterfragen, und begreifen beispielsweise, dass wir gescheitert sind, weil uns nicht wirklich an dem gelegen war, wonach wir strebten. Oder, wie im Fall von Barbara, wir spüren im Kern des Misserfolgs die unerschütterliche Kraft unseres Verlangens und erkennen, dass dieses Streben das Wichtigste in unserem Leben ist. Barbara hatte ihren Durchbruch zehn Jahre nach ihrem Job als Tellerwäscherin. Sie sollte einige der ergreifendsten Chansons des französischen Repertoires komponieren und interpretieren: »Ma plus belle histoire d'amour c'est vous«, »L'Aigle noir«, das göttliche »Dis, quand reviendras-tu?« oder das herzzerreißende »Nantes«. Wer sie singen hört, sie auf der Bühne auftreten sieht und auf die Bedeutung ihrer Worte achtet, ahnt, dass die Festigkeit ihres Charakters an den Widrigkeiten des Lebens gewachsen ist. Wenn sie diesen Vers singt, spürt man eine Lebenskraft, die sich auf einem langen, beschwerlichen Weg behaupten musste:

»Ich liebe dich immer noch, ich liebe dich immerzu/ Ich liebe nur dich allein, liebe dich aus lauter Liebe/ Aber wenn du nicht einsiehst, dass du zurückkommen musst/Mache ich aus uns zweien mein schönstes Souvenir/Ich werde wieder losziehen, bezaubert von der Welt/Und mich an einer anderen Sonne erwärmen/

Ich gehöre nicht zu denen, die vor Kummer sterben/
Ich besitze nicht die Tugend der Seemannsfrauen.«

In »Nantes« erzählt Barbara von ihrer Ankunft in jener Stadt, in der ihr Vater, der sie als Kind missbrauchte und den sie aus den Augen verlor, im Sterben liegt: »Ce vagabond, ce disparu, voilà qu'il m'était revenu« – »Dieser Vagabund, dieser Verschollene, nun kehrte er also in mein Leben zurück«. Doch sie kommt zu spät: »Je n'ai pas posé de questions/à ces étranges compagnons/J'ai rien dit mais à leurs regards/ j'ai compris qu'il était trop tard« – »Ich brauchte den seltsamen Gesellen/dann keine Fragen mehr zu stellen/Ich sagte nichts, doch ihr Blick/verriet mir, dass ich zu spät war«. Barbara begann, dieses atemberaubend schöne und überaus würdevolle Chanson über ihren Vater am Tag nach seiner Beerdigung zu komponieren. Sie ruft die Erinnerung an den Mann wach, der sie, wie sie in »L'Aigle noir« erzählt, um ihre Kindheit gebracht hat und der trotz allem, »bevor er starb, sich an ihrem Lächeln erwärmen wollte«. Doch er ging »ohne Abschied, ohne ein Ich liebe dich« von dannen. Jemand, dessen Kindheit ein langer ruhiger Fluss gewesen ist, kann so ein Lied nicht schreiben. Erst durch die Prüfungen des Lebens können solche Texte entstehen. »Nantes« wird einer von Barbaras größten Erfolgen.

Die Erfahrung des Scheiterns lässt den Menschen seinen Willen spüren und ihm unter Umständen klar werden, dass dieser stärker ist als die Widrigkeiten des Lebens. Der

Lebensweg von Charles de Gaulle war vom Ausbruch des Ersten Weltkriegs bis zum Ende des Zweiten Weltkriegs mit weitaus mehr Fehlschlägen gepflastert als der Lebensweg von Barbara. Der »große Charles« war in der Zwischenkriegszeit richtiggehend vom Pech verfolgt. Der Erste Weltkrieg »zermalmte meine Seele«, wie er später in einem Brief an seine Nichte Geneviève de Gaulle-Anthonioz schrieb, allerdings rührten seine Versagensgefühle von der langen Kriegsgefangenschaft her. Wegen ihr konnte er von März 1916 bis Kriegsende nicht für sein bedrohtes Vaterland kämpfen. Wie er am 1. November 1918 in einem Brief an seine Mutter schrieb: »Dieses Bedauern wird mich zeit meines Lebens verfolgen – egal, ob es kurz oder lange währen wird.« Fünfmal versuchte er, aus der Gefangenschaft zu fliehen, fünfmal misslang der Versuch. Nach dem Krieg meldete er sich für den Dienst in Polen, in der Rheinarmee und im Nahen Osten, wohl weil er irgendetwas tun musste und er das Gefühl nicht loswurde, dass sein Leben hinter seinen Erwartungen zurückblieb. Als er 1934 seine Aufsatzsammlung *Vers l'armée de métier* veröffentlichte (dt. *Frankreichs Stoßarmee: Das Berufsheer, die Lösung von morgen*, 1935), war er ein unbekannter Oberstleutnant. Von dieser Publikation erhoffte er sich endlich die erwartete Anerkennung. Da ihm verwehrt war, seinem Vaterland als Mann der Tat zu dienen, wollte er Frankreich wenigstens als Autor und Stratege dienen. Doch das Buch fand kaum Resonanz. Auch sein Appell, den er am 18. Juni 1940 über die BBC von London aus lancierte, als Frankreich unter Pétain vor den Deutschen kapitulierte und sich anschickte, den Waffenstillstand zu unterzeichnen, verhallte zunächst ungehört. Erst im Nachhinein deutete ihn die Geschichtsschreibung zur Geburtsstunde der Résistance um. Und als der selbsternannte Anführer des Widerstands gegen den Feind am 14. Juli 1940 auf englischem Boden die versammelten Truppen der sogenannten »Français libres« abschritt, konnte er keine 300 Mann zählen. Im besiegten, besetzten und in Schockstarre verfallenen Frankreich kannte niemand den ominösen General, den ein Kriegsgericht in Abwesenheit zum Tode verurteilte. Bestenfalls lief sein Appell ins Leere, schlimmstenfalls war er suspekt. Charles de Gaulle hoffte auf massiven Zulauf. Doch nicht ein Befehlshaber der Armee, nicht ein ernst zu nehmender Politiker schloss sich ihm an, nur einige Abenteurer, die davon träumten, das Pulver sprechen zu lassen, einige Reserveoffiziere und einige Fischer von der Sein-Insel … Nach der Landung der Alliierten am 8. November 1942 in Nordafrika wurde Henri Giraud und nicht Charles de Gaulle das Kommando über alle französischen Truppen übertragen. Und nach ihrer Landung am 6. Juni 1944 in der Normandie sorgten sie mit allen Mitteln dafür, General de Gaulle fernzuhalten. Erst als am 26. August 1944 zwei Millionen Pariser auf den Champs-Élysées zusammenströmten, um ihn als Held zu empfangen und zu feiern, hatten die Alliierten keine andere Wahl und mussten die provisorische Regierung anerkennen, die General de Gaulle Anfang Juni gebildet hatte.

»Schwierigkeiten ziehen den Mann mit Charakter an«,

schrieb er später in seinen *Memoiren*, »denn indem er sie anpackt, verwirklicht er sich selbst.« Die Fehlschläge haben seinen Charakter geformt und für kommende Misserfolge gewappnet. Sie haben de Gaulle in seinem Wunsch, Frankreich zu dienen, bestärkt und jene Widerstandskraft gegen alle Widrigkeiten genährt, die später der Schlüssel zu seinem Erfolg war.

Wenn de Gaulle ein Vierteljahrhundert ununterbrochener Fehlschläge nicht durchgehalten hätte, bestimmt hätte er die schwache Resonanz auf seine Londoner Appelle vom 18., 22. und 24. Juni 1940 nicht verkraften können.

De Gaulles Lebensweg erinnert an den Werdegang eines anderen Präsidenten, seines Zeichens Amerikaner. Im Alter von 22 Jahren ging er zum ersten Mal pleite. Mit 23 Jahren kandidierte er für ein lokales politisches Amt und verlor die Wahl. Mit 24 Jahren ging er erneut pleite. Mit 26 Jahren musste er den Tod seiner Freundin verkraften. Mit 27 Jahren erlitt er einen Nervenzusammenbruch. Mit 29 verlor er eine Lokalwahl. Mit 34, 36 und 38 Jahren verlor er jeweils die Wahl zum Kongressabgeordneten, mit 45 und 49 Jahren zum Senator. Mit 52 Jahren wurde dieser Mann – Abraham Lincoln – zum Präsidenten der Vereinigten Staaten gewählt. Wir verdanken ihm die Abschaffung der Sklaverei. Doch er musste viel Kraft aufwenden, um diesen Kampf zu gewinnen, denn die Widerstände waren enorm. Wie im Fall de Gaulles stellt sich auch hier die Frage, ob es nicht letztendlich die Summe der Fehlschläge war, die ihn am besten auf diesen Kampf gegen die Sklaverei vorbereitet hat, mit dem er in die Geschichte eingegangen ist.

Ein Charakter bildet sich gegen alle Fehlschläge und in der Reibung an ihnen heraus. Das Leben entfaltet sich gegen alle Schwierigkeiten und in Reibung mit ihnen. Jetzt gilt es zu verstehen, wie das genau funktioniert.

Die vitalistische Philosophie von Henri Bergson erhellt dies. Bergson zeigt, dass das Leben Energie ist – in seinen Worten »seelische Energie« –, die das Lebendige, Pflanzliche, Tierische und Menschliche durchströmt und sich in dem Maße verzweigt, wie sie vorantreibt. Dieses Leben stößt auf Hindernisse und muss schöpferische Quellen in sich finden, um weiterwachsen zu können, wobei das Schöpferische, Bergson zufolge, die tiefe Wahrheit alles Lebendigen ist. Der Efeu rankt auf dem Stein immer weiter vorwärts, trotz aller Hindernisse, die ihm den Weg versperren. Analog können wir die Lebenskraft, die Barbara, Charles de Gaulle und Abraham Lincoln bewiesen haben, als Ausdruck eines *élan vital* begreifen (einer die Entwicklung der Lebewesen von innen vorantreibenden »Lebensschwungkraft«), der stärker ist als alles, Pflanzen und Tiere durchdringt und sich ausnahmsweise in der Schöpfungskraft bestimmter Menschen verdichtet. Diese vitalistische Deutung ist überaus reizvoll: Wenn Leben dieser Drang, diese Schwungkraft ist, spüren wir es umso stärker, wenn es durchkreuzt wird.

Diese Deutung lässt jedoch ein Phänomen außer Acht, das die drei beschriebenen Lebenswege verbindet. Es drängt sich der Eindruck auf, dass Barbara, de Gaulle und Lincoln die Fehlschläge *gebraucht* haben, um ihre Lebenskraft genau zu ermessen. Damit war ihr *élan vital*, ihre Lebensschwungkraft, nicht nur stärker als alle Widrigkeiten, sie hat sich auch von ihnen genährt.

Die dialektische Philosophie von Hegel kann helfen, das zu begreifen. Durch sein ganzes Werk hindurch zeigt Hegel Kräfte auf, die am Werk sind. Diese Kräfte brauchen Widerstand, etwas, das sie verneint (er nennt das »Negation«), um sich selbst als Kraft zu offenbaren. Mit anderen Worten, der Geist braucht sein Gegenteil, um zu wissen, was er ist. Dialektik ist demnach die Untrennbarkeit der Gegensätze und letztlich ihre Aufhebung. Ein Prozess, der Hegel zufolge auf allen Ebenen der Existenz zu beobachten ist. Erst wenn ich meiner Überzeugung eine konträre Überzeugung entgegensetze, kann ich mir völlige Klarheit über sie verschaffen: Eine andere Überzeugung muss meine eigene verneinen, um alle Argumente zu ihrer Verteidigung finden zu können. Dieses Prinzip liegt auch jeder philosophischen Dissertation zugrunde: Man braucht eine Antithese (Gegenbehauptung) zu einer These (Ausgangsbehauptung), damit Letztere ihre volle Kraft darlegen kann. Der dritte Schritt ist keine einfache Synthese, sondern die Aufhebung des Widerspruchs von These und Antithese: Die These obsiegt und greift die Argumente der Antithese auf. Dasselbe gilt für Gut und Böse. Erst angesichts des Bösen gewinnt das Gute seine volle Bedeutung: Das Böse muss existieren und das Gute bedrohen, damit sich das Gute als solches erheben und in seiner ganzen Schönheit zeigen kann. Hegel deutet sogar die

Erschaffung der Welt durch Gott aus dialektischer Sicht. Sein Gott ist reiner Geist. Er braucht die Materie, die den größtmöglichen Unterschied zu ihm aufweist, um sich Klarheit über sein Wesen als Geist zu verschaffen. Daher erschafft er dieses »Andere« – die Welt, die Natur –, um sich in der Gegenüberstellung als Geist zu begreifen. Hegels Gott ist ein bangender Gott, der wissen will, wer er ist: Auch er wird sich der Prüfung der »Negativität« unterziehen müssen.

Im Lichte dieser hegelschen Dialektik wird begreiflich, warum die Lebenskraft von Barbara, de Gaulle oder Lincoln die Negation – Fehlschläge oder Widrigkeiten – brauchte, um sich wirklich zu zeigen. Demnach ist die Lebenskraft untrennbar mit den Widrigkeiten verbunden, und ihre Gegensätzlichkeit hebt sich in der Bewegung des Lebens auf. Scheitern bildet den Gegensatz zum Erfolg. Aber es ist ein Gegensatz, den der Erfolg braucht. Wenn Hegel mit seiner Annahme Recht hat, dass die Dialektik tatsächlich die Wahrheit aller Prozesse wiedergibt, dann kann diese dynamische Gegensätzlichkeit zur treibenden Kraft unseres Fortkommens werden.

»Ich habe 9000 Würfe danebengesetzt. Ich habe fast 300 Spiele verloren. 26-Mal wurde mir vertraut, und ich habe den alles entscheidenden Wurf vermasselt. Ich bin gescheitert. Immer und immer wieder. Und darum war ich so erfolgreich!«, gibt der amerikanische Basketballspieler Michael Jordan fast ein bisschen hegelianisch zu. Ausgerechnet der

Spieler, der die meisten NBA-Titel aller Zeiten gewonnen hat, sieht seinen Lebensweg von mindestens genauso vielen Misserfolgen gesäumt wie von Erfolgen. Er weiß, dass zum Gelingen immer eine Abfolge von Niederlagen und Siegen gehört, nie nur eine Abfolge von Siegen. Er weiß, dass er durch das Vermasseln vieler entscheidender Würfe zu Michael Jordan geworden ist und sein Charakter sich in den Widrigkeiten des Lebens behauptet hat. Vielleicht beraubt uns ja die Abwesenheit von Fehlschlägen der Möglichkeit, unseren Charakter zu behaupten. Ohne die Kraft der Negation kann sich die Kraft der Affirmation nicht vollends entfalten, würde Hegel sagen. Doch der Autor der *Phänomenologie des Geistes* geht noch weiter: Ohne Negation kann es keine Affirmation geben.

5

SCHEITERN LEHRT DEMUT

– *Eine christliche Sicht?* –

> »Bei Apple gefeuert zu werden, war das Beste, was mir passieren konnte.«
> *Steve Jobs*

Demut ist ein Wort der frühen christlichen Mission und bedeutet »dienende Gesinnung«; damit knüpfte das lateinische *humilitas* an einen Begriff des germanischen Gefolgschaftswesens an. Der heute unübliche deutsche Begriff Humilität kommt vom lateinischen *humilitas*, das sich von *humus* ableitet: Erde, Erdboden. Und in der Tat, Scheitern bedeutet nicht selten, dass wir »auf den Boden (der Tatsachen) zurückkommen« und aufhören, uns für einen Gott oder zumindest etwas Besseres zu halten; es treibt uns die kindlichen Allmachtsfantasien aus. Wir bekommen wieder festen Boden unter die Füße und lernen erneut, uns so zu sehen, wie wir sind. Wenn man sich ein gelungenes Leben aufbauen will, ist eine realistische Selbsteinschätzung eine stabile Voraussetzung und sogar Trumpf.

Trainer wissen sehr wohl, dass es für siegesverwöhnte Spitzensportler nichts Schlimmeres gibt als Hochmut und das Gefühl, unverwundbar und unbesiegbar zu sein. Im Profisport liegt dies auf der Hand: Es gibt nichts Besseres als eine saftige Niederlage, um einen Athleten zur Vorsicht zu mahnen und ihm eine Prise Zweifel einzustreuen, ohne den sein Talent nicht zur vollen Geltung kommen kann. Er muss aufhören, sich überlegen zu fühlen, um dann vielleicht überlegen sein zu können. Er wird seine Gegner respektvoll beobachten, keinen von ihnen unterschätzen und sich stets fragen, wie er gewinnen kann. Mit dieser Haltung wird er Siege einheimsen können.

Die Demut, die uns das Scheitern lehrt, ist zugleich ein Angebot, unsere Grenzen auszuloten. Narzissmus und Illusionen der Allmacht hingegen verhindern diese Bewusstwerdung.

Künstler und Schriftsteller erfahren das am eigenen Leib. Wenn sie an der Vollendung eines Werkes scheitern, von dem sie geträumt haben, spüren sie, dass sie keine Demiurgen sind, dass ihnen ihre Kunst Widerstand leistet, dass sie nicht alles können. Häufig ist die Rückkehr zur Demut, mit der zuweilen ein schmerzhaftes Gefühl des Scheiterns einhergeht, der Ausgangspunkt für ein neues schöpferisches Abenteuer, anfangs vielleicht bescheidener, aber allemal reifer, an dessen Ende ein vortreffliches Werk herauskommt. Wer an der Erneuerung seiner Kunst gescheitert ist, besinnt sich zurück auf das, was er kann – mitunter eine gute Methode, um die Inspiration wieder in Gang zu setzen. Weil

Scheitern uns demütiger macht, führt es uns auf einen sichereren Weg zurück. Bisweilen müssen wir festen Boden unter die Füße bekommen, um wieder fliegen zu lernen.

Bevor Steve Jobs Apple verlassen musste, war er ein überheblicher Mensch; der kometenhafte Erfolg des Computerunternehmens, das er 1976 in der Garage seiner Eltern gegründet hatte, war ihm zu Kopfe gestiegen. 1980 erreichte der Umsatz von Apple eine Milliarde Dollar, und die Umwandlung in eine Kapitalgesellschaft machte den 25-jährigen Steve Jobs über Nacht um 240 Millionen Dollar reicher. Das schützte ihn jedoch nicht davor, dass er die Kontrolle über sein Unternehmen verlor und ihm der Bezug zur Realität abhandenkam. Er ließ sich von keinem etwas sagen, zweifelte nie an sich selbst, sah nicht ein, dass der Misserfolg des ersten Macintosh etwas mit den Bedürfnissen der Kunden zu tun hatte, tat alle Einwände seiner Mitarbeiter rundheraus ab und schreckte nicht vor demütigenden Managementmethoden zurück – bis ihm 1985 der durch die Aktionäre neu gewählte CEO erst die Entscheidungsbefugnis entzog und dann den Weggang aus dem Unternehmen nahelegte. Er war maßlos enttäuscht: Sein eigenes Unternehmen hatte ihn geschasst. Gleichzeitig lehrte ihn diese Niederlage die Demut, die er dringend brauchte. Er fand den Bezug zur Realität und durch die Zwangslage auch seine Kreativität wieder. »Ich konnte es damals nicht einsehen, aber es stellte sich heraus, dass bei Apple gefeuert zu werden, das Beste war, was mir passieren konnte«, sagte Steve Jobs

2005 in einer berührenden Rede vor den Absolventen der Stanford University. Und weiter: »Es befreite mich, um einen der kreativsten Abschnitte meines Lebens anzubrechen. […] Es war eine scheußlich schmeckende Medizin, aber ich glaube, der Patient brauchte sie.« Der Unternehmer und Visionär sagt es selbst: Sein Scheitern hat ihn von seiner Überheblichkeit und seinem Hochmut »befreit« und dadurch seine Kreativität wieder befeuert.

Einen schöpferischen Menschen stellen wir uns oft als eine Art Übermensch vor, der alles kann und keine Grenzen kennt; allerdings vermittelt das ein verzerrtes Bild der Schöpferkraft. Schöpferkraft steht in einer engeren Beziehung zur Demut als zum Hochmut, zur Begrenztheit als zur Allmacht. Die großen Schöpfer wissen um die Existenz der Wirklichkeit. Sie konfrontieren sich mit ihr; sie gestalten sie um und neu. Sie wissen, dass nicht alles möglich ist.

Steve Jobs wurde durch sein Scheitern wachgerüttelt und besann sich auf das zurück, was er am besten konnte. Er gründete NeXT, eine Firma »auf Menschenmaß«, die Software und Computer der Spitzenklasse entwickelte. Das Ergebnis dieses neuen Abenteuers war angesichts der Erfolge von Apple geradezu armselig, doch für Steve Jobs war es die Gelegenheit, um seine Begabung aus Kindertagen, als er mit seinem Stiefvater an Elektronikteilen bastelte, weiterzuentwickeln: die Kunst, innovative Software für das breite Publikum zu erfinden. Dann kaufte er das Computertrickfilmstudio Pixar seinem Gründer und *Star-Wars*-Schöpfer George Lucas ab. Unter Steve Jobs produzierte Pixar zusammen mit Disney Animationsfilme wie *Toy Story* oder *Findet Nemo*.

Zu dieser Zeit erlitt Apple eine Reihe von Schlappen, insbesondere wegen des Erfolgs der PCs, die mit Software von Microsoft arbeiteten. Als Apple in Ermangelung innovativer Technik am Rand des Abgrunds stand, kaufte der Konzern NeXT auf und bot Steve Jobs zwölf Jahre nach seinem Rausschmiss wieder die Geschäftsführung an.

Damit ist nichts anderes als die wiedergefundene Demut des großen Unternehmers der Grund für seine triumphale Rückkehr in die einst von ihm gegründete Firma. Diese Demut hat ihn dazu gebracht, sich auf seine Begabungen zurückzubesinnen und eben jene leistungsstarke Software zu entwickeln, die Apple später dringend benötigen sollte. Wieder an der Spitze von Apple, knüpfte Steve Jobs an die bewährten Rezepte der Anfangszeit an und verbesserte sie: schlankes Design, leichte Handhabung, Spitzentechnik. Er besann sich auch auf etwas Offenkundiges zurück, für das ihn sein Narzissmus blind gemacht hatte: Ein Unternehmen ist nicht das Spielzeug eines Demiurgen, sondern ein kollektives Abenteuer. Mit seinen von neuem Gemeinschaftsgeist angetriebenen Teams lancierte er den iMac, der wie eine Bombe einschlug und die PCs plötzlich alt aussehen ließ. Dann startete er eine große Werbekampagne – »Think different« –, die wohl nicht ganz zufällig große historische Vorbilder für Demut wie Einstein oder Gandhi verwendete. Es folgten das iBook, der iPod, das iPhone, das iPad – alles mit durchschlagendem Erfolg. Steve Jobs beging nie wieder den

Denkfehler, dass er allein recht haben kann. Er hatte begriffen: Wer zu früh recht hat – auf den Markt bezogen –, hat unrecht.

Gelehrte sind oft sehr demütige Menschen. Kein Wunder: Weil sie unablässig scheitern und ihr Leben lang falsche Intuitionen korrigieren, mangelt es ihnen nicht an Gelegenheiten, die ihnen Hochmut und Allmachtsfantasien austreiben. Wie Bachelard darlegt: Gerade weil sie die Wirklichkeit voller Demut anzunehmen wissen, kommen sie auf dem Weg der Erkenntnis weiter. Sie legen jene erstaunliche Mischung aus Mut und Demut an den Tag, die dem modernen Humanismus, so der französische Dichter und Denker, als Maßstab dienen müsste. Wir sind weder Archimedes noch Newton, können uns aber ein Beispiel an ihnen nehmen. Scheitern macht uns demütig und bescheiden. Demut und Bescheidenheit sind oft der Anfang des Gelingens.

»Mach dir keine Sorgen wegen deiner Schwierigkeiten mit der Mathematik. Ich kann dir versichern, dass meine noch größer sind«, so Albert Einstein 1943 in einem Brief an ein kleines Mädchen. In dieser Aussage steckt, ganz abgesehen von dem Humor, die Botschaft, dass Demut eine Triebfeder der Erkenntnis ist. Wer die Grenzen der Erkenntnis mit äußerster Feinheit auslotet, verschiebt sie damit auch ein Stück weiter.

Im Judo gibt es eine schöne Metapher dafür, wie Scheitern demütig macht und eben dadurch die Möglichkeit für zukünftigen Erfolg entstehen lässt. Bei diesem Zweikampf kann dich der Gegner jeden Augenblick zu Boden werfen. Deshalb lernen die Judoka als Erstes das Fallen. Genauer: richtig zu fallen, ohne sich zu verkrampfen, durch geschmeidiges, fließendes Abrollen, wobei es eine Art Einwilligung zum Fallen gibt. Diese schöne Art zu fallen symbolisiert die Demut auf das Trefflichste: Der Gegner wendet einen Griff an, der klappt, und du landest auf dem Boden, hier eine Tatami-Matte, beziehungsweise auf dem »Boden der Tatsachen«. Der Judoka akzeptiert dies, mehr noch, er macht sich dies zunutze. Jedes Mal, wenn er fällt, lernt er seinen Gegner etwas besser kennen. Fallen lässt ihn die Wirkungskraft eines Griffes entdecken. Da dieser Griff dieses Mal geklappt hat, weiß der Judoka, dass er ihn in Zukunft abwehren muss. Wenn er wieder aufsteht, ist er um eine Erkenntnis reicher. Demut ist untrennbar mit einem Lernprozess verbunden. Demut macht uns weise, und diese Weisheit hilft uns zu gewinnen. Es kommt im Endeffekt nicht darauf an, wie oft wir fallen, Hauptsache, wir stehen wieder auf und sind dabei ein bisschen weiser.

Man kann über Demut nicht schreiben, ohne an den Leidensweg Christi zu denken. Je mehr Jesus leidet, desto mehr nähert er sich Gott. Der Gründungsakt des Christentums ist sein Leidensweg. Demut geht hier bis zur Demütigung und führt zur Erlösung. Jesus fällt tiefer als auf das Erdreich und kommt darum ins Himmelreich. Er wird so arg auf die Probe gestellt, dass ihn Zweifel überkommen: »Mein Gott, mein Gott, warum hast du mich verlassen?« (Mk 15,34) Dieser Zweifel lehrt ihn aber auch Demut: Als müsste er sich von Gott entfernen, um den Menschen nahezukommen, und unsere menschliche Bedingtheit bis zum Ende auf sich nehmen. Demnach wären diese letzten Worte, die Jesus als Frage an Gott richtet, der letzte Liebesakt Jesu für die Seinen. Diese Prüfung gibt ihm die Möglichkeit, noch mehr über sich hinauszuwachsen und die reine Wahrheit des Glaubens zu berühren: Glauben gibt es nur im Zweifel, in der Berührung mit dem Zweifel. Glauben heißt zweifeln und den Zweifel tief im Herzen aushalten.

»Selig sind die Armen im Geiste, denn ihnen gehört das Reich Gottes«, heißt es im Matthäusevangelium. Oft wird dieser Vers ironisch zur Verklärung »einfacher Gemüter« herangezogen und als Aufforderung ausgelegt, die Lehren der Bibel nicht zu hinterfragen und zu glauben, ohne nachzudenken. Doch es gibt noch eine andere, tiefer gehende Auslegung. Die »Armen im Geiste« können intelligent sein: Sie erkennen angesichts der Wahrheit, die in der Bibel offenbart wird, die Grenzen ihrer Intelligenz. Damit sind wir nicht weit von einer Aussage entfernt, die Albert Einstein am Ende seines Lebens getroffen hat: »Das ewig Unbegreifliche an der Welt ist ihre Begreiflichkeit.« Das größte Rätsel also bleibt, dass man die Wirklichkeit überhaupt verstehen und erklären kann.

Auch Paulus musste einen Leidensweg gehen und war beispiellos demütig. Er reiste durch die Welt, um den Menschen die »gute Nachricht« des Evangeliums zu verkünden, und wurde geschlagen, gedemütigt, eingekerkert. Dennoch schrieb er: »[…] und habe überschwängliche Freude in aller unsrer Bedrängnis«. (2. Kor 7,4) Wie Jesus musste auch er erst den Tiefpunkt erreichen, um dem Wesentlichen auf den Grund zu kommen; erst Überflüssiges loswerden, um zu erkennen, worauf es ankommt. Auch wenn wir nicht an Gott glauben, können wir an diese Tugend der Demut glauben und darin eine der zentralen Lehren des Christentums sehen. Einer Religion, deren Gott in einem Säugling Gestalt annahm, einem kleinen, hilflosen, unendlich zerbrechlichen Wesen, abgelegt in der Futterkrippe eines Viehstalls. Das ist eine beispiellose Einladung zur Demut.

6

SCHEITERN ALS WIRKLICHKEITSERFAHRUNG

– Die stoische Sicht –

»Es hängt allein an dir, die Dinge, die du nicht beeinflussen kannst, hinzunehmen oder nicht.« *Frei nach* EPIKTET

»Gott gebe mir die Gelassenheit, die Dinge hinzunehmen, die ich nicht ändern kann, den Mut, die Dinge zu ändern, die ich ändern kann, und die Weisheit, das eine vom anderen zu unterscheiden.« Dieses »Gebet der Gelassenheit«, das Mark Aurel zugeschrieben wird, fasst die stoische Weisheit trefflich zusammen. Wie manchen Passagen in den heiligen Büchern wohnt auch diesen Worten die Kraft inne, das Leben der Menschen zu ändern.

Als Kaiser des Römischen Reiches (161–180 n. Chr.) wusste Mark Aurel: Die stoische Weisheit ist eine Weisheit der Tat. Aber was bedeutet sie? Jeder Versuch, Dinge zu ändern, die nicht in unserer Macht stehen, ist zwecklos; die Kräfte des Kosmos, in den wir hineingeboren wurden, verändern zu wollen, ist zwecklos. Wir sollten unsere Kraft vielmehr nutzen, um auf Dinge einzuwirken, die in unserer Macht stehen.

Je weniger wir gegen Dinge anzukämpfen versuchen, die nicht in unserer Macht stehen, desto mehr vermögen wir die Dinge, die in unserer Macht stehen, zu ändern. Wer seine Kräfte in dem Versuch, das Unabänderliche zu ändern, verbraucht, vermag nicht einmal mehr dort zu handeln, wo es möglich ist.

Diese Weisheit zeugt von gesundem Menschenverstand, häufig genug sind wir aber nicht in der Lage, sie in die Tat umzusetzen. Warum? Weil wir zu »modern« sind. Von der Weisheit der alten Stoiker trennen uns Jahrhunderte wissenschaftlichen und technischen Fortschritts, und mit dem Satz »wo ein Wille ist, da ist auch ein Weg« im Kopf, der uns von Kindheit an wie ein Mantra begleitet, neigen wir dazu zu glauben, dass unser Wille alles möglich machen kann. Wir haben es eilig, uns zu messen, und setzen viel zu oft voraus, dass alles von uns abhängt: So machen wir uns eine falsche Vorstellung von der Wirklichkeit. Wir sehen sie wie eine Knetmasse, die wir nach Belieben formen können. Und unsere Erfolge sind nicht eben dazu angetan, uns vom Gegenteil zu überzeugen. Wenn unsere Unternehmungen gelingen, hält sich unsere Bereitschaft in Grenzen, jene Wahrheit zu hören, an die uns Mark Aurel, aber auch Seneca und Epiktet erinnern: dass die Wirklichkeit manchmal Widerstand bietet.

Das Scheitern gibt uns die Chance, uns endlich damit abzufinden, dass uns da etwas gegenübersteht, das Wirklichkeit heißt. Sie ist schwer zu leugnen, wenn wir uns tapfer geschlagen und unser Bestes gegeben haben und trotzdem scheitern. Diese Wirklichkeit umfasst sowohl die Dinge, die ich beeinflussen kann, als auch die Dinge, die ich nicht beeinflussen kann – sonst wäre ich nicht gescheitert. Die stoische Weisheit beginnt damit, dass wir uns dieser Unterscheidung bewusst werden, die denkbar einfach und doch so schwer zu verinnerlichen ist, wenn wir nicht scheitern.

Dabei ist diese Unterscheidung nicht selten der Schlüssel zum Erfolg. Auch Mark Aurel wurde nicht müde, in seinen *Selbstbetrachtungen* daran zu erinnern, dass wir immer von dieser Scheidelinie ausgehen müssen: Bevor ich handle, muss ich die Dinge erkennen, die außerhalb meiner Macht stehen, und darf erst gar nicht versuchen, sie zu ändern. Ich muss den Willen haben, Dinge zu ändern, die ich ändern kann. Ich muss die Kraft haben, die Dinge hinzunehmen, die ich nicht ändern kann. Wir könnten viel Zeit und Energie sparen, besäßen wir die Fähigkeit, zu stoischen Frauen und Männern der Tat zu werden.

Wie mir Männer und Frauen in Führungspositionen berichtet haben, hat sich ihre Arbeitsweise ab dem Tag grundlegend geändert, ab dem sie dem stoischen Grundsatz gefolgt sind. Statt sich ohne Rücksicht auf die vorhandenen Kräfte gleichzeitig an allen Fronten zu betätigen, hätten sie gelernt, die Dinge, die sie nicht beeinflussen können, auf sich beruhen zu lassen, um sich besser auf alles andere zu konzentrieren, mehr auf die Strategie statt auf Absichten, mehr auf das Kräftespiel statt auf Kräftemessen. Viele haben mir auch berichtet, dass diese Methode bei Wirtschaftsverhandlungen äußerst effektiv ist. Wenn sie einwilligten, befragte ich sie auch nach ihrem Werdegang und nach den Gründen, die es ihnen ermöglicht hatten, diese stoische Handlungsweisheit zu entwickeln. In den meisten Fällen war es infolge eines Fehlschlags.

Das Gegenteil von Weisheit ist gewiss das Leugnen der Wirklichkeit. Das Leugnen des Scheiterns stellt die sicherste Methode dar, um nicht den geringsten Nutzen daraus zu ziehen. In meiner Arbeit als Gymnasiallehrer bekomme ich das jeden Tag aufs Neue bestätigt: Schüler, die ein Scheitern ablehnen mit dem Argument, die Noten würden willkürlich vergeben, oder die den Test im Ranzen vergraben, um ihn zu vergessen, nehmen sich nicht die Zeit, um sich mit dem zu befassen, was nicht geklappt hat. Statt Scheitern als etwas Unangenehmes zu sehen, das man so schnell wie möglich vergessen muss, sollten wir lernen, dies als Chance zu begreifen, um in unserem allzu hektischen Leben innezuhalten. Das Leugnen des Scheiterns kommt daher der Weigerung gleich, die gebotene Chance zu ergreifen. Die stoische Weisheit legt uns hingegen nahe, das Scheitern, das immer etwas über die Beschaffenheit der Wirklichkeit aussagt, voll und ganz anzunehmen.

Mark Aurel zufolge war der Kosmos eine geschlossene Welt, ein großer, von Kräften durchwirkter »kosmischer Knoten«. Regieren war für ihn der Versuch, politische Maßnahmen einzuleiten, die von diesen kosmischen Kräften getragen wurden: Vorhaben von Menschenhand, die sich jedoch in die Bewegung der Bestimmung unserer Welt einschrieben. Um auf Dinge einwirken zu können, die in unserer Macht stehen, mussten folglich jene Kräfte genutzt werden, die nicht in unserer Macht stehen. Aus dieser Perspektive ist eine Politik, die sich gegen die Kräfte des Kosmos, gegen den Sinn der Welt richtet, zum Scheitern verurteilt. Insofern liefert das Scheitern wertvolle Hinweise auf die Wirklichkeit dieser Kräfte, übrigens Hinweise, die für zukünftige Erfolge entscheidend sein können. Ein Stoiker zu sein, heißt, sich selbst im Moment des Scheiterns darüber im Klaren zu werden, was dieses Scheitern über die Wirklichkeit aussagt. Die stoische Weisheit besteht darin, das Scheitern als privilegierte Begegnung mit der Wirklichkeit zu begreifen, die auf die Kräfte des Kosmos, die Gesetze der Natur oder die Regeln des Marktes verweist.

Im Davis-Cup-Finale 2014 traf Frankreich auf die Schweiz. Bei diesem Turnier muss man drei der fünf Matches gewinnen, um als Sieger hervorzugehen. Nach seiner Niederlage im Auftakteinzel gegen Gaël Monfils beantwortete Roger Federer die üblichen Fragen eines Journalisten. Zu diesem Zeitpunkt stand es eins zu eins zwischen Frankreich und der Schweiz. Zunächst lobte Roger Federer, ganz der Sportsmann, das hervorragende Spiel seines Gegners. Dann sagte er einen Satz, den niemand so recht bemerkte: »Ich habe zwar verloren, aber jetzt weiß ich, was ich wissen wollte.«

Redete er über seine mentale Verfassung, die Beschaffenheit des Platzes, die Schnelligkeit der Bälle, die Reaktion des Publikums oder über sein körperliches Befinden nach der Verletzung, die er sich einige Zeit vorher zugezogen hatte? Niemand weiß es. Aber eines ist sicher, er nutzte seine Niederlage, um herauszubekommen, was er wissen wollte. Anschließend gewann er sowohl das Doppel an der Seite von Stan Wawrinka als auch sein zweites Einzelmatch, Frankreich schied aus, und die Schweiz stand vorzeitig als Sieger des Davis Cups fest. An jenem Morgen, als ich den sibyllinischen Satz von Roger Federer hörte, fand ich, dass der Weltranglistenerste etwas von einem Stoiker hatte.

Nelson Mandela sagte nichts anderes, als er auf seine tragische und zugleich beispielgebende Lebensgeschichte zu sprechen kam: »Ich verliere nie! Entweder ich gewinne, oder ich lerne!«

Indem wir uns jeden Tag ein bisschen mehr ermuntern, zu Stoikern zu werden, können unsere Niederlagen uns auch lehren, keinen Gefallen mehr an dem Gefühl der Ungerechtigkeit zu empfinden. Mark Aurel ist als Kaiser manchem Hindernis begegnet und hat Enttäuschungen hinnehmen müssen. Doch Scheitern war für ihn weder gerecht noch ungerecht. Die stoische Weisheit gemahnt, sich in Gleichgültigkeit gegenüber diesen allzu menschlichen Gefühlen zu üben. Die Kräfte des Kosmos sind weder gerecht noch ungerecht: Sie sind da, mehr nicht. Damit muss man sich abfinden, ja sogar spielerisch umgehen. Versuchen, das eigene Handeln in den Tanz der Kräfte einzubinden. Das Schicksal ist weder gerecht noch ungerecht, denn es ist mehr als menschlich. Gerecht und ungerecht sind lediglich menschliche Interpretationen. Wer sich über die Wirklichkeit beschwert, flieht vor ihr, verschanzt sich hinter einem subjektiven Urteil, das nichts bringt.

Selbst wenn wir weder an die Kräfte des Kosmos glauben noch an das Schicksal, können wir von den Stoikern die Idee festhalten, dass das Gefühl der Ungerechtigkeit nichts bringt. Schlimmer noch, es beeinträchtigt unter Umständen unser Agieren und Reagieren. Wir müssen die Wirklichkeit, die Schwierigkeiten und Niederlagen nicht zusätzlich mit dem überflüssigen Gefühl der Ungerechtigkeit belasten. Diese Freiheit haben wir. Das Leben ist, was es ist, und das ist mehr als genug: Es muss nicht gerecht sein, um es wert zu sein, gelebt zu werden.

Im Übrigen bestätigen Therapeuten, Psychologen und Psychoanalytiker, dass es vielen Patienten besser geht, sobald sie aufhören, sich als Opfer von Ungerechtigkeit anzusehen, also ab dem Tag, an dem sie beginnen, ihr Leben anzunehmen, wie es ist, und zu sagen: »So ist es.« Kein grimmiges oder verbittertes »So ist es«, sondern ein entschiedenes, mutiges und vollmundiges »So ist es!«, aus dem Lebenskraft sprüht. Nicht mehr: »So ist es, ich habe wirklich kein Glück«, sondern: »So ist es! Ich muss mich damit abfinden und darauf aufbauen!« So ist es, so ist die Wirklichkeit beschaffen: Zu den größten Tugenden des Scheiterns gehört, dass es uns die geradezu stoische Kraft verleiht, die Dinge anzunehmen, die da sind und nicht (oder nicht mehr) in unserer Macht stehen.

Mit sieben verlor Ray Charles sein Augenlicht, mit 15 Jahren seine Mutter. Auch hatte er mit ansehen müssen, wie sein jüngerer Bruder ertrank. »Ich hatte die Wahl, mich entweder als Bettler mit einem Blindenstock und einer Almosenschale an eine Straßenecke zu stellen oder alles daranzusetzen, um Musiker zu werden«, erzählt er. Das ist reine stoische Bejahung und lehnt sich an den Grundsatz von Epiktet an: Es hängt allein an dir, die Dinge, die du nicht beeinflussen kannst, hinzunehmen oder nicht. Allein die Behauptung »Ich hatte die Wahl« ist bezeichnend. Ray Charles vergeudete keine Kraft damit, über sein Schicksal zu klagen. Er nahm seine Blindheit, an der er selbst nicht schuld war, hin und setzte alles daran, um zu jenem genialen Musiker und Sänger zu werden, der uns mit so wunderbaren Songs wie »What'd I Say«, »Hit the Road, Jack« oder »Georgia on My Mind« beschenkt hat. Wie ein echter Stoiker, hat er den Unterschied akzeptiert zwischen den Dingen, die nicht in seiner Macht standen (Verlust seiner Mutter, seines Bruders und seines Augenlichts), und den Dingen, die in seiner Macht standen (Entwicklung seines Talents, Kompensierung seiner Blindheit durch ein fabelhaftes Gedächtnis). Vielleicht hat ihn erst diese Kraft des Hinnehmens, von der er getragen wurde, zu Ray Charles gemacht. »Ich bin blind, aber es gibt noch ärmere Teufel als mich, ich hätte schwarz sein können!«, sagte er eines Tages im Scherz zu einem Journalisten. Ray Charles war in Anbetracht seines Schicksals zu jenem großen »So ist es!« fähig, befreit von aller Resignation, voller Leben, voller Humor, voller Lebensfreude. Er hat sich nicht gesagt, »das ist ungerecht«. Er hat Ja zur Wirklichkeit gesagt, ein Ja, das dem großen Ja zum Leben von Nietzsches Zarathustra gleicht. Es ist dieselbe Art der Bejahung dessen, was ist. Derselbe stoische Gestus: nicht zu bedauern, was man nicht ändern kann, sondern alles zu tun, um zu ändern, was geändert werden kann. Das stoische Hinnehmen hat nichts mit Resignation zu tun. Es ist eine Bejahung, eine Anerkennung dessen, was ist. Die Frage angesichts einer Niederlage oder einer Schicksalsprüfung ist nicht, ob sie gerecht oder ungerecht ist, sondern ob wir daraus eine Erkenntnis gewinnen können. Und ob wir uns darauf stützen können, um etwas anderes aufzubauen.

»Siehst du als Greis dein Lebenswerk zerbrochen
Und baust mit letzter Kraft es wieder auf –
Wenn du auf eines Loses Wurf kannst wagen
Die Summe dessen, was du je gewannst.«

Mit diesen Worten endet die zweite und beginnt die dritte Strophe des berühmten Gedichts »If–« von Rudyard Kipling (dt. »Wenn«), das mit dem berühmten Ausruf endet: »You'll be a Man, my son!« – Dann bist du ein Mensch, mein Sohn!

Diese Verse stecken ebenfalls voller stoischer Weisheit: Man muss verlieren können, um ein Mensch zu werden. Verlieren und wiederaufbauen. Jeder Protest gegen die Wirklichkeit ist zwecklos. Schlimmer noch, er ist kontraproduktiv. Denn er raubt uns die Kraft, die wir brauchen, um wiederaufzubauen. Er lenkt uns von der Wirklichkeit ab. »Nicht lachen, nicht weinen, verstehen!«, schrieb Spinoza in seinem Hauptwerk *Ethik*, das einige stoische Akzente enthält.

In dem Gedicht von Rudyard Kipling schwingt etwas Ähnliches mit: Du beginnst bei null, ohne ein Wort darüber zu verlieren. Ohne zu sagen, das ist ungerecht, ohne der Wirklichkeit ein Klagegewand überzustülpen. Sondern mit der stoischen Kraft dessen, der weiß, dass er sich mitten im Kosmos befindet, winzig klein, und die Ordnung der Dinge nicht ändern wird, aber dass es ihm zusteht, die Dinge, die seine Kraft übersteigen, für sich zu nutzen.

Wenn das Scheitern eintritt, liegt es außerhalb unserer Macht. In unserer Macht liegt allein unsere Art zu leben. Wir können über unser »ungerechtes« Schicksal jammern. Oder das Scheitern als Chance für eine Begegnung mit der Wirklichkeit begreifen, als Einladung, jeden Tag ein besserer Stoiker zu werden. Ray Charles hatte Recht: Wir haben die Wahl.

7

SCHEITERN ALS CHANCE ZUR NEUERFINDUNG DES SELBST

– Die existenzialistische Sicht –

> »Keine Note, die du spielst, ist falsch – erst die Note, die du danach spielst, macht sie richtig oder falsch.«
> *Miles Davis*

»Die Existenz geht der Essenz voraus.« Diese Aussage von Jean-Paul Sartre mutet schwierig an, ist es aber nicht. Was besagt sie? Ganz einfach, wir sind frei zu existieren und uns im Laufe unseres Lebens, nach und nach im Verlauf unserer Geschichte, zu erfinden und zu korrigieren. Diese Geschichte kommt zuerst, nicht die »Essenz«, also zum Beispiel das, was wir nach dem Willen Gottes sein sollten, oder das, wofür unser Genom oder unsere soziale Herkunft uns bestimmt haben. Mit dieser Kernaussage seiner Philosophie des Existenzialismus reiht sich Sartre in die Kategorie der Philosophen des Werdens ein. Ebenso wie Nietzsche, wenn er in *Also sprach Zarathustra* die Forderung des griechischen Philosophen Pindar zitiert: »Werde, der du bist.« Das zu erreichen – sich in seiner Einzigartigkeit zu behaupten –, braucht der Mensch nicht selten ein Leben lang. Dazu gehören Abenteuergeist, Bewährungsproben und der Mut, den Hort der Gewohnheit zu verlassen.

Diesen Philosophen des Werdens stehen die Philosophen des Seins gegenüber. Sie legen den Akzent weniger auf die Geschichte des Einzelnen als auf dessen unveränderliche Wahrheit: Die Christen nennen es »Seele«, Leibniz »Substanz« und Descartes »Ich«. Diese Gegenüberstellung geht auf die Ursprünge der Philosophie zurück, also auf die altgriechischen Denker, die vor dem Philosophen Sokrates gelebt haben, die Vorsokratiker. Da haben wir auf der einen Seite Heraklit, den Denker des Werdens, der zur Beschreibung des ewigen Wandels die Metapher des Flusses verwendet: »Alles fließt« oder auch »Es ist unmöglich, zweimal in denselben Fluss zu steigen«. Und auf der anderen Seite Parmenides, den Denker des Seins, der Gott als »das unveränderliche, ewige Eine« beschreibt. In unserer Tradition hat sich Parmenides gegen Heraklit durchgesetzt. Herakliteer wie Nietzsche oder Sartre sind in der Minderzahl. Die größten Philosophen – Platon, Descartes, Leibniz und so weiter – folgen fast alle Parmenides: Sie glauben mehr an das Sein als an das Werden. Das ist ein Problem, wenn man über die Tugend des Scheiterns nachdenken will. Wenn unsere Fehlschläge uns helfen zu werden, könnte es gefährlich werden, sie als Offenbarungen unseres »Seins« zu deuten. Weil wir glauben, dass das Scheitern eine Antwort gibt auf die Frage, was wir *sind*, tun wir uns so schwer damit. Wir könnten uns das Scheitern aber auch als Frage denken: Was könnten wir werden? Wenn wir glauben, dass Scheitern uns helfen kann, wieder aufzustehen, uns umzuorientieren und uns neu zu erfinden, dann folgen wir einer Philosophie des Werdens und ergreifen Partei für Heraklit und gegen Parmenides.

Eine andere Tugend des Scheiterns kann sein, dass es uns empfänglich macht und den Anstoß gibt für eine Richtungsänderung an einer existenziellen Weggabelung, die sich als glücklich erweisen wird. Die Bedeutung von Fehlschlägen wird in der Richtungsänderung sichtbar, die sie in unserem Leben bewirkt haben. Diese Tugend des Scheiterns besteht nicht unbedingt darin, uns weiser, demütiger oder stärker zu machen, sondern schlicht darin, uns empfänglich zu machen für Anderes.

Wäre Charles Darwin in seinem Studium der Medizin und dann auch der Theologie nicht gescheitert, hätte er sich niemals auf jene jahrelange Schiffsreise begeben, die für seinen Werdegang als Wissenschaftler und für sein Verständnis der Evolutionsmechanismen bestimmend sein sollte.

Der junge Darwin begann, Medizin an der Universität Edinburgh zu studieren, weil sein Vater, der Arzt war, gerne wollte, dass sein Sohn in seine Fußstapfen träte. Die Methoden der Chirurgen fand er abstoßend, und die Vorlesungen langweilten ihn, aber er hielt noch eine Weile durch, weil er Vögel durch das Fenster beobachtete, bevor er die Fakultät schließlich verließ. Danach schrieb er sich am Christ's

College in Cambridge ein, um Theologie zu studieren und später Geistlicher der Kirche von England zu werden. Aber er konnte keine Begeisterung dafür aufbringen, ging lieber reiten und sammelte Käfer, statt sich Vorträge über Gott anzuhören, und so brach er auch dieses Studium ab. Diese zwei Fehlschläge hintereinander haben ihn zwar nichts Wesentliches über den menschlichen Körper oder die Wahrheit Gottes gelehrt, dafür aber offen gemacht für ein Abenteuer, das er andernfalls niemals gewagt hätte. Darwin beschloss, sich für eine zweijährige Reise einzuschiffen. Mit dem Sirenengeheul, das die »Beagle« beim Auslaufen aus dem Hafen von Woolwich an der Themse ertönen ließ, fing alles an. Darwin beobachtete die Tier- und Pflanzenarten, die ihm auf der Fahrt begegneten, und fand so seine Berufung. Das sollten alle Schüler wissen, die der Gedanke, einen Weg einschlagen zu müssen, völlig lähmt. Sie sollten alle Darwins Tagebuch *Die Fahrt der Beagle* lesen.

Bevor J. K. Rowling an *Harry Potter* zu schreiben begann – sie hieß damals noch Joanne Rowling –, hatte sie zwei Niederlagen auf einmal erlebt, beruflich wie privat. Ihr Mann hatte sie verlassen, und sie hatte ihren Job bei Amnesty verloren, sodass sie plötzlich ohne Einkommen und allein mit ihrer kleinen Tochter dastand. Ohne die Hilfe ihrer Schwester, die sie bei sich aufnahm, wäre sie auf der Straße gelandet. Geplagt von dem schrecklichen Gefühl eines vollkommen verpfuschten Lebens, war sie am Tiefpunkt angelangt. Doch wie sie lange nach dem sensationellen Erfolg der

Abenteuer von Harry Potter erzählte: »Der Tiefpunkt ist das solide Fundament, auf dem ich mein Leben aufgebaut habe.« In ihrem ersten Leben musste sie ihre schriftstellerische Berufung aufgrund ihrer beruflichen und familiären Verpflichtungen vernachlässigen. Nur sporadisch gönnte sie sich etwas Zeit dafür, meist um die Mittagszeit, zwischen zwei Sitzungen. Irgendwann fing sie an, ihr Scheitern mit anderen Augen zu betrachten und als Chance zu begreifen, ihr Leben zu ändern. Einfach war das nicht. Sie hatte kein Geld für die Kita und konnte nur schreiben, wenn ihre Tochter schlief, nachmittags und nachts. In den Pubs von Edinburgh gewöhnte man sich an den Anblick der jungen Mutter mit den müden Gesichtszügen, die Hefte vollkritzelte, während die Tochter im Kinderwagen neben ihr schlief. Im Elephant House, wo sie regelmäßig zum Schreiben hinkam, glaubten die Stammgäste, dass sie keine Heizung zu Hause habe und deswegen hier arbeitete. Kurz vor ihrer Scheidung war ihre Mutter an multipler Sklerose gestorben. Ihr Protagonist drängte sich von selbst auf: ein junger Zauberlehrling, der darunter litt, dass seine Eltern gestorben waren. Als das Buch fertig war, sandte sie die ersten Kapitel einem Agenten zu, der sie postwendend zurückschickte. Sie fand einen anderen Agenten, aber sie mussten ein Dutzend Absagen einstecken. Als ihr Buch endlich veröffentlicht wurde und bekanntlich sensationellen Erfolg erfuhr, begriff sie, dass das, was sie zuerst für eine furchtbare Niederlage gehalten hatte, sie auf einen Weg geleitet hatte, der ihrem Wesen viel mehr entsprach. Einen Weg, von dem sie ihr erstes, scheinbar erfolgreicheres Leben in Wirklichkeit abgelenkt hatte.

Wenn Serge Gainsbourg der Maler geworden wäre, der er ursprünglich werden wollte, hätte er niemals Melodien für Brigitte Bardot, Juliette Gréco, France Gall, Isabelle Adjani oder Jane Birkin komponiert. Man vergisst nur allzu leicht, dass er eine Lebenskrise durchgemacht hat, seine Bilder zerstörte und seinen Traum begrub, um sich dem Chanson zuzuwenden, einer in seinen Augen »minderen« Kunstform. Er wollte ein Maler vom Format eines André Lhote oder Fernand Léger werden, Musik spielen oder komponieren war für ihn nur Broterwerb. Er hatte große Ambitionen, bis ihm klar wurde, dass er von seiner Malerei frühestens »in fünfzig Jahren« würde leben können – und gab auf. Erst dieses Aufgeben, das ihm schwer zu schaffen machte, ermöglichte es ihm, sich der Musik zu widmen. Sein Scheitern als Maler hat ihn aber nicht nur offen für die Musik gemacht, vermutlich hat es ihn auch befreit. Anders als bei der Malerei, die er über alles stellte, stand beim Chanson als »mindere« Kunstform nichts Wichtiges auf dem Spiel. Als junger figurativer Maler hatte er sich zur Hochzeit der abstrakten Kunst unter gewaltigen Druck gesetzt: Genie oder gar nichts. Als Komponist und Sänger nahm er die gegenteilige Haltung ein. Er machte Musik für das Hier und Jetzt, passte seinen Stil den jeweiligen Moden an und komponierte Hits für andere, wobei er das Gefühl grundlegenden Versagens nie ganz loswurde. Andererseits konnte er dank seines Loslassens sein ganzes Talent zum Ausdruck bringen. Sein Fall ist also etwas anders gelagert als bei Charles Darwin oder J. K. Rowling: Sein Scheitern hat ihm zwar genauso ermöglicht, einen anderen Weg einzuschlagen und Abstand zu gewinnen, allerdings hat es eine Spur der Bitterkeit in ihm hinterlassen, was seinen Kompositionen eine besondere Note verlieh und seinen Erfolg ausmachte. Sein Scheitern als Maler wirkt also in zweierlei Hinsicht an seinem Erfolg als Songschreiber und Interpret mit.

In dem Kultbuch *Zen in der Kunst des Bogenschießens* von Eugen Herrigel erklärt der Autor, dass der Bogenschütze das Ziel erst trifft, wenn er gelockert in der höchsten Spannung verweilt, während bei der leisesten Verkrampfung der Schuss verwackelt. »Der Schuss wird ja nur dann glatt, wenn er den Schützen selbst überrascht«, lässt er den Meister sagen, und einige Seiten später: »Es steht Ihnen im Wege, dass Sie einen viel zu willigen Willen haben.«

Serge Gainsbourg, der 1965 das flotte Lied »Poupée de cire, poupée de son« für France Gall komponierte, mit dem sie für Luxemburg den Eurovision Song Contest gewann, gleicht diesem Bogenschützen: Er ist hervorragend, weil er unverkrampft ist. Seine Gelöstheit rührt daher, dass er nicht mehr um jeden Preis der neue van Gogh sein muss. Lieder wie »Vieille canaille« oder »Des vents, des pets, des poums« belegen, dass Gainsbourg einen völlig anderen Zugang zum Chanson gehabt hat als zur Malerei. Lieder wie »La Javanaise« oder »La chanson de Prévert« geben zu verstehen, dass das Scheitern des Malers Gainsbourg ihm – anders als manchmal von ihm selbst behauptet – das Schicksal des Versagers nicht übergestülpt hat. Es hat ihn befreit.

Manche Fehlschläge, die zunächst wie eine Sackgasse erscheinen, entpuppen sich letztlich als Kreuzungen. Die Betrachtung der Lebenswege von Gainsbourg und den anderen lässt an die Fels-Metapher in *Das Sein und das Nichts* von Jean-Paul Sartre denken: »Ein Felsblock, der einen erheblichen Widerstand darstellt, wenn ich ihn wegrücken will, ist dagegen eine wertvolle Hilfe, wenn ich ihn besteigen will, um die Landschaft zu betrachten.« Weil wir im Leben an Zeit gebunden sind und unserem Handeln einen neuen Sinn und Zweck verleihen können, besitzen wir die Macht, wie Sartre einige Zeilen weiter schreibt, das »Hindernis«, das ein Fels darstellt, in eine »Hilfestellung« für ein neues Projekt zu verwandeln. Damit unterstreicht er die Kraft unseres Geistes, unserer Vorstellungskraft. Der zentrale Begriff des Existenzialismus von Sartre ist das »Projekt«. Leben heißt nicht, über eine feste, ewige Wahrheit zu verfügen, sondern vielmehr, sich endlos in die Zukunft zu projizieren. Wenn wir auf das Hindernis des Scheiterns stoßen, können wir etwas an der Art und Weise ändern, wie wir uns projizieren, und ein Hinweisschild aufstellen.

2009 fand in San Francisco zum ersten Mal jene internationale Konferenz über das Scheitern statt, an der im Silicon Valley seitdem kein Weg mehr vorbeiführt. Das Prinzip dieser *FailCons* (von »fail« für Scheitern und »con« für Konferenz) besteht darin, Unternehmer und Sportprofis berichten zu lassen, was sie ihren Fehlschlägen zu verdanken haben. In Videos, die im Internet massenweise geteilt werden, erzählen sie, wie ihre Misserfolge sie aufgeweckt, aufgerüttelt, befeuert und getragen haben, wie sie erst dadurch die zündende Idee hatten, die ihren späteren Erfolg begründete, oder einen Weg einschlugen, den sie anfangs nicht einmal in Erwägung gezogen hatten. Diese Redner, die über ihre Erfahrungen berichten, sind oft kaum älter als unsere hiesigen Studienabgänger. Schon nach wenigen Berichten wird klar: Der tief greifende Wandel der Digitalwirtschaft und die damit verbundene Entstehung eines neuen Unternehmertyps haben zu einer nie gekannten Aufwertung des Scheiterns und der Fähigkeit geführt, sich in Berührung mit dem Scheitern neu zu erfinden.

Mag sein, dass manche Aspekte dieser *FailCons* ein wenig die Geduld strapazieren: das Format der Wortmeldungen, die geradezu entsetzlich positive Grundeinstellung, das obligatorische Happy End. Mal ganz abgesehen davon, dass all diejenigen, die sich hier einfinden, um über ihre Fehlschläge zu berichten, dies immer in der Vergangenheitsform tun … Dennoch kann man auf diesen Konferenzen, die mittlerweile auch in Frankreich und Deutschland abgehalten werden, wo sie aber längst nicht so erfolgreich sind, Geschichten und Lebenswege voller Neuanfänge, Gabelungen und Kreuzungen entdecken. Hier trifft man Männer und Frauen, die sich nicht darüber definieren, was sie sind, sondern darüber, was sie gemacht haben; die nicht die hervorragende Qualität ihres ursprünglichen Ansinnens rühmen, sondern ihren Sinn für Anpassung oder Neuerfindung. Fast könnte man meinen, sie hätten alle Sartres Aufsatz »Der Existentialismus ist ein Humanismus« gelesen, in dem steht: »Der Mensch ist die Summe seiner Handlungen.«

Mit dieser Idee widersetzte sich der französische Existenzialist der Philosophie der Intention von Immanuel Kant, für den der Wert eines Menschen sich an seinem guten Willen misst. Wenn man all diese Unternehmer darüber berichten hört, wie ihnen ihre Enttäuschungen die Augen geöffnet und sie zu neuen Projekten hingeführt haben, wird besser verständlich, warum die sartresche »existenzialistische Psychoanalyse« eine größere Resonanz in den USA gefunden hat als in Frankreich. Sartre unterbreitete eine seltsame, antifreudianische Form der Psychoanalyse, die auf der Idee gründete, dass es überflüssig sei, das einzelne Subjekt aufzufordern, die Bürde seiner Vergangenheit und den unbewussten Determinismus seiner Familiengeschichte messen zu wollen. Es sei besser, mit ihm an der Vielfalt seiner potenziellen Projekte zu arbeiten und das Projekt zu finden, das seiner Gegenwart wieder Farbe zu verleihen vermag.

Viele Unternehmer haben ihr Scheitern als Gelegenheit wahrgenommen, um einen anderen Weg einzuschlagen. Der französische Firmenchef Jean-Baptiste Rudelle organisierte eine *FailCon*, um über die aufsehenerregende Erfolgsgeschichte von Criteo zu berichten. Alles fing in den Hinterräumen einer

Pariser Salatbar an. Rudelles ursprüngliche Idee war, ein System für Film- und Blog-Artikel-Empfehlungen zu entwickeln. Nachdem sein Start-up gescheitert war, beschloss er, die genutzte Technologie in einem völlig anderen Bereich einzusetzen, nämlich für den Verkauf von gezielter Onlinewerbung. Innerhalb von wenigen Jahren stieg Criteo von einer Klitsche im 13. Pariser Arrondissement zu einem bei der Nasdaq notierten Unternehmen an der Wall Street auf, wo sein Börsenwert heute auf 2,41 Milliarden Dollar veranschlagt wird. Das Talent des Firmengründers bestand darin zu erkennen, was nicht funktioniert, und daraus den Impuls für eine komplett neue Zukunftsvision zu gewinnen.

Ein anderes häufiges Phänomen sind Fehlschläge im Bewerbungsgespräch, die Menschen den Weg ins Unternehmertum eröffnen. Ein prominentes Beispiel ist der Japaner Sōichirō Honda, der beim Bewerbungsgespräch für eine Stelle als Ingenieur bei Toyota abgelehnt wurde. Damit begann für ihn eine lange Zeit der Arbeitslosigkeit, die er jedoch nicht ungenutzt ließ: Er entwickelte die Idee, selbst einen Motorroller zu bauen. Damit war Honda geboren.

Ein Existenzialist ist jemand, der denkt, dass ein ganzes Leben nicht ausreicht, um alle potenziellen Möglichkeiten auszuschöpfen. Daher will er auf keinen Fall allzu viele verstreichen lassen. Der Tod ist umso ärgerlicher, als das Leben weder als Sein noch als ewiger Wert aufgefasst wird, sondern als »Projekt«. Ein Existenzialist ist jemand, der sich davor fürchtet, dass der Erfolg ihn auf einem eingeschlagenen

Weg gefangen hält und bis ans Ende seines Lebens begleitet, ohne zu wissen, wer er ist. Das Scheitern wird entgegen der gewohnten Sichtweise als Öffnung des Feldes der potenziellen Möglichkeiten aufgewertet: Wer häufiger scheitert, lebt letztendlich intensiver.

Der Werdegang von Jean-Christophe Rufin illustriert diese allem Anschein nach paradoxe These auf das Trefflichste. Im Übrigen würde auch er einen wunderbaren Kandidaten für eine *FailCon* abgeben, die all jene, die seinen Lebensweg als eine geradlinige Abfolge von Erfolgen hinstellen, Lügen straft.

Rufin arbeitete zunächst als Arzt in einem Krankenhaus, bevor er »Médecins Sans Frontières« gründete (aus der später die deutsche Sektion »Ärzte ohne Grenzen« hervorging) und die Leitung von »Action Contre la Faim« übernahm (deutsche Sektion »Aktion gegen den Hunger«). Er war französischer Botschafter im Senegal und in Gambia und erreichte mit seinen Büchern ein Millionenpublikum. Für eines davon, *Rouge Brésil*, erhielt er 2001 den renommierten Prix Goncourt. 2008 wurde er in die Académie française gewählt, deren jüngstes Mitglied er ist. Zuletzt hatte er durchschlagenden Erfolg mit seinem Reisebericht *Immortelle randonnée. Compostelle malgré moi*. Aus dieser Auflistung könnte man den Eindruck gewinnen, dass alles, was er berührt, zu Gold wird. Die Tatsachen sprechen jedoch eine andere Sprache. Jedes Scheitern, jede Enttäuschung ließen ihn einen neuen Weg einschlagen. Als er begriff, dass er im heutigen Krankenhauswesen nicht der Arzt sein konnte, der er sein wollte, wandte er sich dem humanitären Bereich zu. Er nahm als einer der Ersten die Grenzen humanitären Engagements wahr und orientierte sich zur Politik um. Als ihm klar wurde, dass er im politischen Bereich gegen die Zwänge, Netzwerke und Phrasendrescherei nicht ankommen würde, widmete er sich dem Schreiben. Und als er als Autor mit Anerkennung überhäuft wurde – Prix Interallié, Prix Goncourt, Wahl in die Académie française und so weiter –, verspürte er das Bedürfnis, nach Santiago de Compostela zu wandern, um Ballast loszuwerden, sich ein bisschen leichter zu fühlen, nicht dem »anschwellenden Sein« zu verfallen, jenem Gefangensein im Sein, von dem bei Sartre die Rede ist.

Miles Davis konnte richtig wütend werden, wenn seine Musiker Angst hatten, etwas falsch zu machen. Dann erinnerte er sie mit seiner sonoren Stimme daran, dass es keinen schlimmeren Fehler gibt, als keinen Fehler machen zu wollen. Der Erfinder von »Birth of the Cool« und »Kind of Blue«, der seine Musik unablässig erneuerte, prägte diese geniale Formel: »Keine Note, die du spielst, ist falsch – erst die Note, die du danach spielst, macht sie richtig oder falsch.« Damit bringt er die existenzialistische Weisheit des Scheiterns auf den Punkt: Es gibt, absolut betrachtet, keine falsche Note. Der Jazzer ist frei, eine schöne Dissonanz daraus zu machen, sie in die allgemeine Bewegung des Stücks, in die von ihm erzählte Geschichte, in den Rhythmus seiner

Musik zu integrieren. Übrigens liebte Sartre Jazz. In *Der Ekel* sind die seltenen Momente, in denen sich Roquentin von seinem Unbehagen befreit, Momente musikalischen Empfindens. Unsere Existenz gleicht einem Jazz-Stück. Wer glaubt, dass die falsche Note nur im Absoluten existiert, tut so, als würde die Zeit nicht existieren. Er vergisst, dass wir auf dem Fluss des Werdens segeln, nicht im Himmel der ewigen Ideen.

8

SCHEITERN ALS FEHLLEISTUNG ODER GLÜCKLICHER UNFALL

– *Die psychoanalytische Sicht* –

»Jede Fehlleistung [ist] ein geglückter Diskurs …« *Jacques Lacan*

Scheitern als Fehlleistung

Was schwebte Charles Darwin wirklich vor? Wollte er Arzt werden wie sein Vater oder als Pionier einen neuen Weg in der Geschichte der Wissenschaften einschlagen? Hat ihm sein Scheitern im Medizinstudium ermöglicht, sein eigentliches Ziel zu erreichen? Wenn dem so ist, hat er sein Scheitern dann nicht eigentlich »herbeigesehnt«?

Sōichirō Honda legte bei seinem Bewerbungsgespräch für die Stelle als Ingenieur bei Toyota eine erstaunliche Mittelmäßigkeit an den Tag. Seine Antworten waren eintönig und unter seinem Niveau, doch sie erlaubten ihm, seinen innigsten Wunsch, der ihm damals noch nicht bewusst war, zu erfüllen: sein eigenes Unternehmen zu gründen. Es ist verlockend, darin im Nachhinein eine »Fehlleistung« im Sinne der Psychoanalyse Sigmund Freuds zu sehen. Eine verfehlte und gelungene Tat zugleich. Verfehlt im Hinblick auf die bewusste Absicht. Gelungen im Hinblick auf die unbewussten Wünsche. In einer Fehlleistung kommt das Unbewusste zum Ausdruck, sagt Freud im Kern. Bei einem Versprecher, also einer sprachlichen Fehlleistung, gelingt es uns nicht, das auszudrücken, was wir sagen wollen, dafür kommt unser Unbewusstes erfolgreich zum Ausdruck. Dahinter steckt dieselbe Logik, die uns die Kraft geheimer Wünsche hinter unseren Taten und Worten, das Wirken einer unbewussten Strategie hinter unseren Misserfolgen vermuten lässt.

Um zu begreifen, wie sehr unsere Misserfolge unbewusste Wünsche zum Ausdruck bringen, müssen wir auf die revolutionäre Neubestimmung des menschlichen Subjekts zu sprechen kommen, die Freud seinerzeit vorgenommen hat. Er legte dar, dass die Psyche des Menschen aus drei »Orten« oder »Topoi« besteht: Ich, Es und Über-Ich. »Das Ich ist nicht Herr im eigenen Hause«, warnte er. Das bewusste Ich wird demnach von zwei Seiten bedrängt, von unten und von oben. Von unten durch die unbewusste psychische Energie des Es, nämlich all jene seit der Kindheit verdrängten Impulse, die auf Wiederkehr warten. Von oben durch die tyrannischen Befehle des Über-Ich, einem gesellschaftlichen und moralischen Ideal des Ich, das ebenfalls größtenteils unbewusst ist. Das Unbewusste ist demnach eine aktive, dynamische Energie, die sich zu manifestieren sucht und sich dafür bei Bedarf der Fehlleistung bedient. Diese Energie kann sowohl Energie des Es als auch des Über-Ich sein.

Durch Fehlleistungen können wir unterdrückte Aggressionen ebenso ausdrücken wie schöne, uneingestandene Ambitionen. Ein Ehemann »verfehlt« seine zarte Geste und trifft die Wange seiner Frau. Wenn es eine Fehlleistung ist, findet sein Es hier Befriedigung: Dieser Mann hatte unbewusst den Wunsch, seiner Frau wehzutun. Wenn er aber während eines Bewerbungsgespräches scheitert, weil er etwas viel Besseres als diese Anstellung anstrebt, dann manifestiert sich hier eher sein Über-Ich. In beiden Fällen treten Misserfolg und Erfolg gleichzeitig ein oder, wie der Begründer der Psychoanalyse klarstellt: Bewusstes Missfallen und unbewusstes Gefallen treffen hier zusammen.

Wir beschweren uns häufig darüber, dass sich Dinge wiederholen. Wir fahren fort, Dinge zu tun, die uns missfallen, und wundern uns, warum es uns nicht gelingt, sie zu verändern. Warum? Trotz unseres bewussten Missfallens finden wir unbewusst Gefallen daran. Die Fehlleistung gehorcht einer Logik, die der Psychoanalytiker Jacques Lacan in folgendem Satz auf den Punkt gebracht hat: »Jede Fehlleistung [ist] ein geglückter Diskurs«. Dieser »geglückte Diskurs« des Unbewussten will entziffert und gedeutet werden.

Michel Tournier hat das Examen in Philosophie mehrfach nicht bestanden. Dieses wiederholte Scheitern setzte ihm sehr zu. Doch dann wurde er mit Büchern wie *Vendredi ou les limbes du Pacifique* (1968; dt. u. a. *Freitag oder Im Schoß des Pazifik*) und *Le roi des Aulnes* (dt. *Der Erlkönig*), für den er 1970 mit einstimmigem Votum der Jury den Prix Goncourt erhielt, einer der größten Autoren des 20. Jahrhunderts. Wir könnten einfach annehmen, dass sein Scheitern als Philosophieprofessor ihn zu seinem Erfolg als Schriftsteller hingeführt hat, dass er nie und nimmer Zeit oder sogar Lust gehabt hätte, den Roman *Der Erlkönig* zu schreiben, wenn er sein Examen bestanden und die universitäre Laufbahn eingeschlagen hätte. Wir könnten aber auch die These formulieren, dass sein eigentlicher Wunsch war, ein populärer Schriftsteller zu sein und kein Universitätsprofessor, und dass sein wiederholtes Durchfallen im Philosophieexamen ebenso viele Fehlleistungen waren.

Um über Fehlschläge hinwegzukommen, schlagen Psychologen übrigens eine Übung vor, die vom Begriff der Fehlleistung inspiriert ist: Betrachten Sie Ihr Scheitern nicht als Unfall, sondern so, als würde es eine versteckte Absicht offenbaren. Das Ergebnis ist erstaunlich: Oft erscheint die Situation in einem völlig anderen Licht. Natürlich fällt es uns nicht immer leicht zu akzeptieren, was sich vor unseren Augen enthüllt; doch genau das macht das Unbewusste aus: dass wir es nicht wissen wollen. Genau *das* wollen wir nicht sehen. Scheitern als Fehlleistung ist eine Aufforderung, die Augen zu öffnen. Und wenn es sich wiederholt, dann wohl deswegen, weil wir die Augen beharrlich geschlossen halten.

Die Psychoanalyse behauptet also, dass es Misserfolge gibt, die gleichzeitig Erfolge sind. Sie behauptet aber auch das Gegenteil: Es gibt Erfolge, die eigentlich Misserfolge sind, wenn wir uns selbst untreu werden, und dafür müssen wir eines Tages einen hohen Preis zahlen. Ein solcher Selbstverrat kann zu Depressionen führen, einer weiteren Form des Scheiterns, die als Fehlleistung gedeutet werden kann.

Pierre Rey war Zeitungsverleger (er gab unter anderem die Frauenzeitschrift *Marie Claire* heraus) und Autor von Romanbestsellern wie *Le Grec* (dt. *Der Grieche*) oder *Bleu Ritz*. Auf dem Höhepunkt seines Reichtums und Ruhms verfiel er in eine schlimme Depression: Er konnte nicht mehr arbeiten, nicht mehr lieben, seine Verantwortung nicht mehr erfüllen und bald auch nicht mehr schlafen und essen. Er hatte alles, was er wollte, er lebte in Luxushotels und war umgeben von schönen Frauen und großzügigen Freunden. Warum dann diese Depression? Rey begann eine langjährige Analyse bei Jacques Lacan, von der er in seinem Buch *Une saison chez Lacan* (dt. *Eine Saison bei Lacan*) berichtet. Im Laufe der Sitzungen fing er an zu begreifen, dass seine Erfolge ihn von seinem innigsten Wunsch abgelenkt hatten, ein »echtes Buch« zu schreiben. Keinen der Strandschmöker, die er raushaute, um die Erfolgsmaschine am Laufen zu halten, sondern ein echtes Buch, bei dem es um etwas ging, mit seiner Handschrift, seinem Stil. Nicht einfach nur ein unterhaltsames Buch, sondern eines, das dem Leser eine Lebenshilfe gab, eines, das ein weiterer Stein für das Gebäude der menschlichen Weisheit war, wenn auch ein klitzekleiner. Die ihm zugeflogenen Erfolge hatten ihn von seinem Weg abgebracht. Die Depression hatte also eine Funktion: ihm den Verrat seines Wunsches zu zeigen. Sie zwang ihn, mit dem Erfolgreichsein aufzuhören, mit allem aufzuhören, um endlich zu seinem Wunsch zurückzufinden. Unfähig zu arbeiten, weil er zu deprimiert war, verfolgt von dem Gefühl der Sinnlosigkeit des Lebens, begab er sich im Laufe der Monate langsam auf den Weg der inneren Erkundung, die er in seinem Erfolgsrausch völlig vernachlässigt hatte. Mit seinem Buch *Eine Saison bei Lacan* legt er ein bewegendes Zeugnis davon ab, wie er sich selbst wieder treu wurde. Es ist ein hervorragendes Buch, eine schöne Reflexion über Psychoanalyse, innigste Wünsche und das Leben als schwieriges Metier. Und übrigens das einzige Buch, das alle seine dicken Bestseller überdauert hat und heute noch gelesen wird. Er musste also scheitern und unter einer Depression leiden, um zu seinem Wunsch zurückzufinden: Er musste ihn verraten, um sich ihm wieder nähern zu können. Sein existenzielles Scheitern war eine Fehlleistung: Dadurch konnte sich seine tiefe Sehnsucht Ausdruck verschaffen.

Diese Überlegungen zu Fehlleistung und Depression erlauben uns, einen übertriebenen Aspekt der angelsächsischen Vorstellung vom Scheitern herauszuheben. Im angelsächsischen Raum wird Scheitern oft als etwas dargestellt, das durch schlichte Hartnäckigkeit, reine Willenskraft überwunden werden kann. Dabei gerät die erste Tugend des Scheiterns in Vergessenheit: Es verweist uns an die Grenzen unserer Macht. Die Behauptung, »Wo ein Wille ist, da ist auch ein Weg«, ist töricht und verschmäht zugleich die Komplexität des Realen. Manchmal scheitern wir sogar, weil wir zu viel »gewollt« und zu wenig ergründet haben, wonach wir uns wirklich sehnen. Die Depression ist dann ein Zeichen, dass der Wille verrückt geworden ist, dass er im Alleingang will, unabhängig davon, was ich eigentlich wünsche. Sie zwingt mich, mit dem Wollen aufzuhören, um wieder in der Lage zu sein, auf meine Wünsche zu hören. Es im Leben zu etwas bringen, heißt nicht, dies um jeden Preis zu wollen, sondern dem eigenen Wunsch getreu. Scheitern kann demnach eine Fehlleistung sein, die uns dieser Treue wieder näher bringt.

Scheitern als glücklicher Unfall

Dass Fehlschläge zugleich Erfolge sind, belegen in der Welt der Dinge all jene Produkte, die erst völlige Misserfolge waren und dann zu Marktführern wurden. Die Geschichte dieser »glücklichen Unfälle« – Fehlleistungen im eigentlichen Sinne – macht auf ihre Weise deutlich, wie sehr ein Misserfolg gleichzeitig ein Erfolg sein kann.

Das bekannteste Beispiel dafür sind die Schwestern Tatin, die in Lamotte-Beuvron ein unter Jägern äußerst beliebtes Restaurant führten. Eines Tages merkte eine der Schwestern, dass sie bei der Apfeltarte den Teig vergessen hatte. Apfelstücke und Zucker schmorten in der Kuchenform im Ofen, und die Gäste warteten auf ihren Nachtisch. Da kam ihr die zündende Idee: Sie öffnete den Ofen, legte den Teig über die Äpfel und ließ das Ganze ein paar Minuten backen. Die Jäger fanden die knusprige, leicht karamellisierte Tarte sehr lecker. Das verpatzte Rezept war die Geburtsstunde der legendären »Tarte Tatin«.

Dasselbe gilt für die Entdeckung von Viagra. Die Forscher im Labor von Pfizer versuchten ein Medikament gegen Angina Pectoris auf der Basis von Sildenafil-Zitrat zu entwickeln, verfehlten aber ihr Ziel. Die Substanz hatte nicht die gewünschte Wirkung, dafür aber eine ganz andere, unerwartete: starke Erektionen. Die Forscher scheiterten bei der Entwicklung einer Arznei gegen pulmonale Hypertonie, entdeckten aber dafür das Mittel gegen Impotenz, nach dem die Menschen seit Jahrhunderten gesucht hatten.

Der Fall des Herzschrittmachers ist ebenso erhellend, wiewohl weniger bekannt. Ein Ingenieur an der Universität von Buffalo im Staat New York arbeitete an der Entwicklung eines Apparates für die Aufzeichnung der Herzschläge. Als er einen Widerstand brauchte, griff er in die Kiste mit den elektrischen Bauteilen, zog aber das falsche Modell heraus. Statt die Herzschläge aufzuzeichnen, sendete der Apparat elektrische Impulse aus. Daraufhin fragte sich der Ingenieur, ob diese Impulse möglicherweise eine stimulierende Wirkung auf die Herzaktivität haben könnten. Damit war der Herzschrittmacher entstanden. Fünf Jahre später kam er auf den Markt. Das verfehlte Aufzeichnungsgerät hat seitdem Tausende von Menschenleben gerettet.

Wir leben umgeben von zahllosen Gegenständen und konsumieren unzählige Produkte, von denen wir noch nicht einmal ahnen, dass sie »Kinder« des Scheiterns sind. Die Nespressomaschinen haben unsere Küchen erobert und unsere

Kaffeekultur revolutioniert – ein globaler Erfolg, gekoppelt an das Gesicht von George Clooney, der mit einem Glastässchen in der Hand fragt: »What else?« Doch bevor es dazu kam, musste Nestlé eine Reihe von Misserfolgen einstecken. Erst mal scheiterte der Versuch, der Gastronomie Kaffeeautomaten zu verkaufen, die einen guten Espresso machen. Dann wurde der Markt der Büroangestellten anvisiert. Aber das erwies sich als noch größere und teurere Schlappe als die erste. Der Konzern stand kurz davor, die Idee der Kommerzialisierung der Aluminiumkapselautomaten endgültig aufzugeben. Man gab dem Produkt aber noch eine letzte Chance, indem man es den Privathaushalten anbot. Und siehe da, nachdem das Kaffeesystem Nespresso zweimal seine Zielgruppe verfehlt hatte, fand es endlich sein Publikum.

Es gibt noch unzählige andere Beispiele für Erfolge, die aus Misserfolgen entstanden sind. Man denke an den Champagner, zunächst eine verfehlte Gärung, deren Ergebnis ein saurer und zugleich viel zu süßer Wein war; an die Orangina, ursprünglich die Reste der Orangensaftherstellung, die die Hersteller nicht loswurden; an den Honigkuchen, den Klettverschluss, die Post-it und die »Bêtises de Cambrai« aus karamellisiertem Zucker, die sich, wie der Name schon sagt, einer »Dummheit« des Sohnes des Süßwarenfabrikanten verdanken – alles Fehlleistungen, die zugleich glückliche Funde waren.

***

Der Begriff Serendipität (engl. *serendipity*) bezeichnet die Fähigkeit, etwas zu finden, wonach wir nicht gesucht haben. Kolumbus wollte Amerika nicht entdecken. Ihm schwebte vor, einen neuen Seeweg nach Indien oder China zu eröffnen. Er suchte nach einem Weg, der kürzer war als der von Marco Polo, eine Abkürzung. Er verrechnete sich um 10 000 Kilometer – »ein erhellender Irrtum«, der ihn auf die Insel San Salvador verschlug, dem Vorzimmer der Karibikinseln, ihrerseits das Vorzimmer des amerikanischen Kontinents. Ob Amerika, »Tarte Tatin« oder Herzschrittmacher, sie alle wurden durch Serendipität entdeckt.

Wenn ein Patient auf der Couch liegt und ihm die Bedeutung einer Fehlleistung, eines Versprechers oder eines Traums plötzlich klar wird, dann ebenfalls durch Serendipität. Nicht durch Suchen wird er fündig, sondern wenn er sagt, was ihm spontan in den Sinn kommt, wenn er seinen Gedanken freien Lauf lässt. Das kann ihm ebenso wenig gelingen, wenn er mit Nachdruck die Bedeutung seiner Symptome begreifen will.

Serendipität ist in jedem Fall nur im Zustand der Entspannung, ohne Willensverkrampfung und im Augenblick des Loslassens möglich. Das gilt für den Patienten auf der Couch ebenso wie für die Erfinder der »Tarte Tatin« und des Herzschrittmachers. Man braucht nur wahrzunehmen, was kommt, damit das Scheitern seine Tugend entfalten kann. Dafür ist keine Willensanstrengung nötig. Schlimmer: Eine solche könnte sie zunichtemachen. So etwas hören wir Kinder des westlichen Voluntarismus gar nicht gern.

9

SCHEITERN HEISST NICHT, EIN VERSAGER ZU SEIN

– *Warum Scheitern so wehtut* –

»[…] dass der Mensch eine Brücke sei und kein Zweck«. *Friedrich Nietzsche*

Manchmal, wenn wir dem Schmerz des Scheiterns ausgeliefert sind, drängt sich der Eindruck auf, nichts mehr wert zu sein. Weil wir in einem Teil der Welt leben, in dem die Kultur des Irrtums unterentwickelt ist, verwechseln wir »versagen« mit »ein Versager sein«. Wir fassen das Scheitern unseres Projekts als unser persönliches Scheitern auf. Statt dem Versagensmoment einen Platz in unserer Geschichte zuzuweisen, die bereits vorher begonnen hat und auch danach weitergehen wird, verabsolutieren wir dieses und schreiben es auf seine Essenz fest. Kurzum, wir sind nicht existenzialistisch genug. Um es mit der Metapher von Miles Davis zu erklären: Es ist, als würden wir die Musik an der »falschen« Note stoppen und sie in Dauerschleife wiederholen, ohne ihr die Chance zu geben, durch das ganze Stück hindurch zu erklingen und ihren Platz zu finden. Als würden wir die Zeit im grässlichsten Augenblick festhalten.

Sigmund Freud warnt uns durch sein gesamtes Werk hindurch vor den negativen Folgen der Überidentifikation – mit der Mutter, mit dem Vater, mit dem totalitären Staatsoberhaupt oder mit dem persönlichen Scheitern.

Wer sich zu lange mit seinen Eltern identifiziert, verbietet sich zu wachsen und gefällt sich in der Regression. Ein Kind entwickelt sich, weil es von Zeit zu Zeit seine Identifikationsfigur wechselt. Erst bei diesem »Spiel« lernt es, »ich« zu sagen und seine Einzigartigkeit zu erproben.

Wer sich mit einem totalitären Staatsoberhaupt wie Hitler oder Stalin identifiziert, folgt dessen Weltanschauung oder Wahnvorstellungen, schaltet sein kritisches Bewusstsein aus und läuft Gefahr, sich an den grauenhaftesten Verbrechen mitschuldig zu machen.

Wer sich mit seinem Scheitern identifiziert, entwertet sich selbst und versinkt früher oder später in Scham oder Selbsterniedrigung.

Jede Überidentifikation hat eine morbide Seite und ist eine Fixierung. Dabei ist Leben Bewegung. Diese heraklitische Weisheit gerät in Vergessenheit, wenn wir uns auf unser Scheitern fixieren.

Um besser mit dem Scheitern leben zu können, sollten wir damit anfangen, es neu zu bestimmen. Scheitern tun wir nicht als Person, sondern es betrifft die Begegnung zwischen unserem Projekt und der Umwelt. Natürlich gilt es herauszufinden, warum diese Begegnung schiefgelaufen ist. Vielleicht waren wir unserer Zeit voraus, so wie Steve Jobs, als er den ersten Macintosh auf den Markt brachte. Vielleicht hatte unser Projekt aber auch Schwachpunkte. Es ist also tatsächlich »unser« Scheitern, aber nicht das Scheitern unseres »Ich«. Wir können und sollten dafür einstehen, aber ohne uns damit zu identifizieren.

Es ist ohnehin schwierig, genau zu bestimmen, was den Kern dieses »Ich« ausmacht. In der Verwirrung, die mit dem Scheitern einhergeht, beschleicht uns manchmal das Gefühl, nicht mehr zu wissen, wer wir sind. Scheitern tut weh, weil es den Schutzmantel unserer Identität, unser soziales Image, die Vorstellung, die wir von uns selbst haben, ankratzt. Wir erkennen uns nicht wieder. Wie der CEO, der die schlechte Bilanz eines früher blühenden Unternehmens vorlegt, oder der Filmemacher, der es gewohnt war, seine Filme immer oben auf der Bestenliste landen zu sehen, dessen letzter Film aber schon nach einer Woche aus dem Programm genommen wird – wir verlieren unsere Orientierungspunkte. Zugleich ist das vielleicht eine gute Nachricht. Manchmal brauchen wir die Erfahrung des Scheiterns, um zu erkennen, wie sehr unsere soziale Identität uns einengt, uns von unserer Persönlichkeit tief im Innern abschneidet und unsere komplexe Vielfalt reduziert. Um Misserfolge zu überwinden, müssen wir also auch das »Ich« neu bestimmen. Stellen wir es uns nicht mehr als festen, unwandelbaren Kern vor, sondern als vielfältige Subjektivität, die ständig in Bewegung ist.

Die gute Nachricht ist, »dass der Mensch eine Brücke sei und kein Zweck«, sagt Friedrich Nietzsche in *Also sprach Zarathustra*. Leben heißt, wie eine Brücke gespannt zu sein: auf die Zukunft gerichtet, hin zu den anderen, aber auch hin zu all jenen Aspekten unserer selbst, die wir nicht kennen, hin zu jenen Wegen, die wir noch nicht gegangen sind und die uns ein Scheitern aufzeigen kann. Wir leiden mehr unter unseren Fehlschlägen, wenn wir diese Wahrheit vergessen.

Dass uns das Scheitern so sehr verletzt, hat schließlich auch damit zu tun, dass die größten Denker unserer westlichen Tradition Scheitern mit Schuld verbinden. Descartes oder Kant haben dem Scheitern zwar keine Abhandlungen gewidmet, aber in ihren Werken finden sich einzelne Passagen über die Ursachen des Irrtums oder die Gründe von Fehlern.

Descartes beschreibt den Menschen als ein Wesen, das über zwei wesentliche Fähigkeiten verfügt, die schwer in Einklang zu bringen sind: einen begrenzten Verstand und einen unbegrenzten Willen. Während wir mit unserem Verstand schnell an Grenzen stoßen, können wir immer noch mehr wollen, behauptet Descartes. Für den gläubigen Christen und Autor des *Discours de la méthode* (dt. *Abhandlung über die Methode*) ähneln wir Gott aufgrund unserer Willenskraft. Jedes Mal, wenn wir etwas wollen und die Grenze unseres Willens erreicht zu haben glauben, entdecken wir, dass wir noch mehr wollen. Für Descartes ist die Grenzenlosigkeit unseres Willens das Zeichen des Göttlichen in uns.

Der Satz »Wer will, der kann« stammt von ihm. Aus dieser Perspektive bedeutet Menschsein, mit zwei ungleich langen Beinen durchs Leben zu gehen: einem kurzen (Verstand) und einem überlangen (Wille). Das ist zugegebenermaßen recht beschwerlich. Aber was bedeutet »irren« dann Descartes zufolge? Wir scheitern bei dem Versuch, unseren Willen in die Grenzen unseres Verstandes zu weisen. Wenn wir bei einem feuchtfröhlichen Abendessen schwadronieren, begeben wir uns jenseits der Grenzen unseres Wissens: Wir irren, weil wir unseren Willen nicht richtig gebrauchen. Da dieser Wille uns als Kinder Gottes ausmacht, bedeutet irren, dass wir nicht auf der Höhe von Gottes Vermächtnis sind. Unerbittlich postuliert Descartes in seinen *Prinzipien der Philosophie*, wir wüssten sehr wohl, dass der Irrtum von unserem Willen abhänge. Auf diese Weise kann man eigentlich nur Schuldgefühle wecken.

Kant zufolge können wir uns gar nicht gut verhalten, wenn wir nicht auf die Vernunft hören. Diese Fähigkeit reicht, um das Gute vom Bösen zu unterscheiden, betont er. Entgegen Rousseau, der das Sittliche im Herzen des Menschen, in seiner inneren Empfindung verortet, hat für den Autor der *Kritik der praktischen Vernunft* unsere Sittlichkeit ihren Ursprung in der Vernunft. Der kategorische Imperativ der Sittlichkeit ist eigentlich ganz einfach. Kant hat ihn wie folgt zusammengefasst: »Handle so, dass die Maxime deines Willens jederzeit zugleich als Prinzip einer allgemeinen Gesetzgebung gelten könne.« Mit anderen Worten, wenn ich wissen will, ob meine Absicht gut ist, muss ich nur fragen, wie es um die Gemeinschaft bestellt wäre, wenn alle Menschen nach meiner Handelsmaxime leben würden. Wie würde sich das Zusammenleben der Menschen gestalten, wenn sich beispielsweise alle nach der Maxime richteten: »Kämpfe immer gegen deine natürliche Racheneigung an«? Ganz hervorragend! Demnach wäre es sittlich, sich so zu verhalten. Dieser Gedankengang ist für jedermann nachvollziehbar. Wenn ich als moralisches Wesen scheitere, bin ich dafür voll und ganz verantwortlich.

Unsere Irrtümer sind, Descartes zufolge, auf einen falschen Gebrauch unseres Willens zurückzuführen. Unsere Fehler lassen sich, Kant zufolge, durch eine Schwäche unserer Vernunft erklären. In beiden Fällen entsteht Schuld. Denn jedes Mal wird unsere wichtigste Fähigkeit, die unser Menschsein ausmacht, vereitelt. Irrtümer und Fehler sind unverzeihliche Verstöße gegen das Wesentliche. Wer scheitert, sagen uns Descartes und Kant, scheitert an seinem Menschsein.

Damit sind wir meilenweit von der Weisheit des chinesischen Philosophen und Begründers des Daoismus Laozi entfernt, der im 6. Jahrhundert vor Christus verkündete: »Scheitern ist die Grundlage des Erfolgs.«

10

WAGEN HEISST, DAS WAGNIS DES SCHEITERNS EINGEHEN

> »Erzwinge dein Glück, nimm es in die Hand und gehe auf dein Risiko zu.«
> *René Char*

Allen schönen Erfolgen geht voraus, dass wir ein Risiko auf uns nehmen und damit auch die Möglichkeit des Scheiterns in Betracht ziehen. Wagen heißt, das Wagnis des Scheiterns einzugehen.

Als Charles de Gaulle nach London ging, riskierte er ein Fiasko. Als Xavier Niel die Idee hatte, ein und dasselbe Kabel für Telefon, Internet und Fernsehen zu nutzen, riskierte er, alles zu verlieren. Künstler, die etwas Neues wagen, nehmen das Risiko in Kauf, es nicht zu schaffen. Die Schönheit ihres Gestus hat damit zu tun.

Wir können unser ganzes Dasein fristen, ohne Wagnisse einzugehen, indem wir immer nur eine vernünftige Wahl treffen und erst handeln, wenn alle Kästchen in der Excel-Tabelle korrekt ausgefüllt sind. Doch zu welchem Preis? Wer sich so verhält, bringt sich selbst um jeden größeren Erfolg und verbietet sich, sich selbst wirklich kennenzulernen.

Immerhin zeugt ein Wagnis, auch wenn es nicht von Erfolg gekrönt ist, davon, dass wir nicht nur eine logische Wahl treffen, sondern noch zu echten Entscheidungen imstande sind.

»Entscheidung« und »Wahl« scheinen gleichbedeutend zu sein. Das sind sie aber nicht. Man muss ihren Unterschied begreifen, um hinter das Geheimnis des Wagemuts zu kommen.

Stellen wir uns eine Situation vor, in der wir zwischen Option A und Option B schwanken. Wenn nach reiflicher Überlegung Option B als die bessere erscheint, wählen wir Option B. Diese Wahl ist begründet, erklärbar: Da gibt es also nichts zu entscheiden. Wenn wir aber nach eingehender Prüfung immer noch zweifeln und uns Argumente fehlen, wir aber spüren, dass wir für B optieren sollten, dann treffen wir eine Entscheidung. Eine Entscheidung verlangt, dass wir einen Sprung wagen und jenseits der rationalen Argumente auf unser Bauchgefühl vertrauen. Wenn Wissen nicht ausreicht, müssen wir eine Entscheidung treffen. Eine Entscheidung ist immer wagemutig: Sie impliziert per definitionem die Möglichkeit des Scheiterns. Wer sich dem Widerstand anschließt, um sein Land zu retten, trifft eine Entscheidung, keine Wahl. Wer wie der amerikanische Unternehmer Elon Musk Tesla Motors gründet in der Annahme, dass sämtliche Autos in 50 Jahren Elektroautos sein werden, trifft eine Entscheidung, keine Wahl. Dasselbe gilt für den Passierschlag am Ende eines Turniers.

Entscheidungen haben mehr mit Kunst zu tun als mit

Wissenschaft, behauptete Aristoteles. Mehr mit Intuition als mit analytischer Verstandestätigkeit. Das heißt nicht, dass sie irrational sind: Sie können auf Wissen beruhen, ohne sich darauf zu beschränken. Aristoteles veranschaulichte dies am Beispiel der Ärzte und Schiffskapitäne. Beide sind kompetent, doch im Notfall, wenn ein Patient oder die Besatzung im Sturm zu sterben droht, müssen sie unverzüglich, ohne vollumfängliche Lageanalyse, eine Entscheidung treffen und den Mut haben, aus dem Ungewissen heraus zu entscheiden.

Mit seiner Vorstellung einer Kunst der Entscheidung widersprach Aristoteles seinem Lehrer Platon, der sie als Wissenschaft auffasste, basierend auf dem Modell der rationalen Wahl. Der idealen Republik sollte Platon zufolge ein »Philosophenkönig« vorstehen, der im Lichte seines höheren Wissens regiert. Da Entscheidungen nur den Zweck haben, die Grenzen des Wissens zu kompensieren, müsste dieser Philosophenkönig nie *entscheiden*. Seine politischen Weichenstellungen wären lediglich die logische Folge seiner Wissenschaft. Für Aristoteles hingegen muss der Staatsmann fähig sein, die Grenzen seines Wissens zu überwinden, indem er intuitive Handlungen, sprich Entscheidungen, wagt. Sein Urteilsvermögen macht mehr einen politischen Künstler als einen weisen König aus ihm.

Mir scheint, dass wir in Frankreich und Deutschland zu sehr Platoniker sind. Unsere Fakultäten für Politikwissenschaft heißen nicht »Schule der politischen Kunst«, sondern Sciences Po. Es gibt nur eine herrschende Lehre in den

Politik- und Verwaltungswissenschaften. Es gilt, Technokraten auszubilden, keine Entscheider. Hohe Beamte gelangen an die Spitze von Großunternehmen und müssen mit ihrer ausschließlich auf die Erlangung von technischen Kompetenzen ausgerichteten Ausbildung weitreichende Entscheidungen treffen. Meistens haben sie ein ausgedehntes, intensives Studium hinter sich, aber keinen einzigen Kurs über das Wesen der Entscheidung – ihre Komplexität, ihr Verhältnis zur Erfahrung, zur Intuition und zum Risiko – belegt. Wie sollen wir unter diesen Bedingungen eine humanistische Vision des Scheiterns entwickeln?

Wenn wir den Unterschied zwischen Entscheidung und Wahl verstanden haben, kann uns das helfen, die mit dem Risiko verbundenen Ängste besser auszuhalten. Die Angst, die wir im Augenblick der Entscheidung verspüren, ist ganz normal. Besser noch, sie ist das Zeichen dafür, dass wir Macht über die Welt ausüben.

In *Das Sein und das Nichts* erklärt Sartre: »Die Angst ist also das reflexive Erfassen der Freiheit durch sie selbst.« Wenn wir gar keine Handlungsmöglichkeit haben, macht uns das nicht ängstlich, sondern verzweifelt. Steht uns aber eine schwierige Entscheidung bevor, für die wir geradestehen müssen, bekommen wir es mit der Angst zu tun. Was uns tatsächlich Angst macht, ist unsere Freiheit. Im Leben gilt es partout zu vermeiden, von unserer Angst gelähmt zu werden. Viele Vorhaben platzen, viele Berufungen schlagen fehl, weil wir in dem Moment, in dem wir etwas wagen müssten, von der Angst vorm Scheitern überwältigt werden. Die Angst vorm Scheitern lähmt uns, wenn wir aus unserem Leben eine Abfolge rationaler Entschlüsse machen wollen. Sie wird allerdings erträglich, sobald wir verinnerlicht haben, dass zum Leben eines Entscheiders ein Haufen Irrtümer, enttäuschter Hoffnungen und verpatzter Gelegenheiten gehört.

Wagemut befreit uns nicht von der Angst: Er gibt uns Kraft, trotzdem zu handeln. Der Wagemutige ist kein tollkühner Mensch, kein Draufgänger, der vor nichts Angst hat und hohe Risiken eingeht, um seinen Lebenshunger zu stillen. Der Wagemutige kennt die Angst und macht sie zu seiner treibenden Kraft. Er versucht, das Risiko auf ein Minimum zu reduzieren, und weiß, mit dem Restrisiko umzugehen: Er »versucht sein Glück« in Kenntnis der Sachlage. Der Draufgänger liebt das Risiko, der Wagemutige hat einen Sinn für das Risiko.

Ein authentisch gelebtes Leben, behauptet Nietzsche, erfordere einen solchen Sinn für das Risiko. Damit wird auch der Satz »Werde, der du bist« verständlich, mit dem Zarathustra die Menschen aus ihrem apathischen Konformismus zu wecken versucht. Werde, der du bist: Wage es, du selbst zu werden, stehe zu deiner Einzigartigkeit inmitten dieser Gesellschaft, die per definitionem die Regeln hochhält. Kein Wunder, dass du Angst hast: Die Gesellschaft verlangt, um funktionieren zu können, dass du dich den Regeln unterwirfst. Mit seinem hochbrisanten Büchlein *Das Unbehagen in der Kultur* (1930) sagt Sigmund Freud nichts anderes: Was gut für die Gesellschaft ist, ist für den Einzelnen nicht gut. Gut ist für die Gesellschaft: die Verdrängung der asozialen Einzigartigkeit durch den Einzelnen. Gut ist für den Einzelnen: der Ausdruck seiner Einzigartigkeit. Daher das »Unbehagen«, das jeder Kultur innewohnt und niemals vollständig beseitigt werden kann. Daher auch die Schwierigkeit, »ich selbst zu werden«, und die Angst, die mich an der Schwelle zum Wagnis packt.

Aber wir können diese Angst bannen, sagt uns Nietzsche. »Werde, der du bist« –, niemand anderes wird das für dich tun. Versuche es wenigstens, denn selbst wenn du scheiterst, hast du Erfolg: Du scheiterst auf eine Weise, die nur dir selbst ähnelt. Es gibt kein größeres Risiko, als dies nicht zu versuchen und zu sterben, ohne zu wissen, wer du bist.

Im Rahmen meiner Firmencoachings treffe ich bei Führungskräften immer wieder auf ein bestimmtes Profil. Nach einem guten Wirtschafts- oder Ingenieursstudium sind sie in ein Großunternehmen eingestiegen und machen seit 15 Jahren dort Karriere. Mit um die 40 finden sie sich – ohne größeres Aufsehen, ohne jemals ein echtes Risiko eingegangen zu sein, ohne einen größeren Fehler gemacht zu haben – auf einem hohen Posten wieder und verdienen gutes Geld, schlagen sich aber mit dem diffusen Gefühl herum, an ihrem eigenen Leben vorbeizuleben. Viele sind der Ansicht, dass ein anderer ihren Job genauso gut machen könnte. Sie finden Nietzsches Satz zu Recht faszinierend: Ihr Alltag bietet ihnen keine Gelegenheit, »zu werden, der sie sind«.

Das Wort, das ich bei den Gesprächen am häufigsten zu hören bekomme, ist *Process*. Weitaus häufiger als Management, Human Ressources oder Initiative. Er liegt allen auf der Zunge, sobald Fragen aus dem Publikum kommen, und ganz besonders, nachdem ich ein Hohelied auf den Sinn des Risikos oder der Kreativität gesungen habe. In ihrer Enttäuschung, nicht »zu werden, der sie sind«, erscheinen diese Führungskräfte als Kollateralopfer des Siegeszuges des *Process*. Diese Rationalisierung der Arbeitsprozesse mag ursprünglich notwendig gewesen sein, hat aber inzwischen, wie ich beobachten konnte, eine andere Funktion übernommen. Ursprünglich als Mittel gedacht, ist sie zum Zweck geworden. In den jährlich durchgeführten Evaluationen werden Führungskräfte nicht mehr nur daran gemessen, ob sie die Zielvorgaben erfüllt haben, sondern auch daran, ob sie spezielle Abläufe eingehalten haben oder nicht. Im Zeitalter des Siegeszuges des *Process* ist Kreativität ein hässlicher Fehler und Scheitern ein Beweis für Inkompetenz. Die Grundtendenz in den Konzernen geht, von wenigen Ausnahmen abgesehen, in Richtung einer Diskreditierung von Eigeninitiative und also Risikofreude.

Wenn man Führungskräfte von ihrer Hilflosigkeit, ihrem Gefühl des Überflüssigseins reden hört und ihre Traurigkeit sieht, wird nur allzu offensichtlich, dass ein risikofreies Leben sich langsam, aber sicher verengt. Manch einer arrangiert sich mit der Situation, sieht den Job als Broterwerb und versucht, sich andernorts lebendig zu fühlen. Manch einer findet den Mut, einen neuen Weg einzuschlagen, wird selbst Unternehmer, um sich wiedergeboren zu fühlen. Der Rest verfällt in eine Depression, die kurzerhand »Burn-out« genannt wird. Aber anders, als gemeinhin vermutet, brechen diese Führungskräfte nicht deswegen zusammen, weil sie zu viel arbeiten, sondern weil sie von sich selbst, von ihren Begabungen und ihren Ausdrucksmöglichkeiten abgeschnitten sind. Würde sie ihr Beruf erfüllen, sie könnten noch viel mehr arbeiten, ohne »auszubrennen«.

Tatkraft hat ihren Preis, doch der Preis für Untätigkeit ist wesentlich höher. Das belegen die Depressionen von Führungskräften. Die guten Schüler gehen daran zugrunde, dass sie nicht »auf ihr Risiko zugehen«.

»Das Leben verarmt, es verliert an Interesse, wenn der höchste Einsatz in den Lebensspielen, eben das Leben selbst, nicht gewagt werden darf«, sagt Sigmund Freud in seinem Aufsatz *Zeitgemäßes über Krieg und Tod* (1915). Die wahre Bedrohung ist: Wer nicht zu scheitern wagt, scheitert am Ende daran, einfach nur zu leben.

»Erzwinge dein Glück, nimm es in die Hand und gehe auf dein Risiko zu.« Dieses »Du« des Dichters René Char ist dasselbe wie in dem Satz »Werde, der du bist« von Friedrich Nietzsche. Es ist das »Du« einer Stimme, die sich von dem »man« der Regeln und *Processes* nicht übertönen lässt. Ein »Du«, das sein Glück nicht nur versucht, sondern »erzwingt« und das Risiko des Scheiterns eingeht, um erfolgreich es selbst zu werden.

Der britische Unternehmer Richard Branson hat kein so »glattes Profil« wie manch anderer Konzernchef. Er war der erste Mensch, der mit einem Heißluftballon den Atlantik und der Älteste (mit 61 Jahren!), der den Ärmelkanal mittels Kitesurfen überquert hat. Er gründete Firmen in den unterschiedlichsten Bereichen, die unter der Marke Virgin firmieren: im Flug- und Schienenverkehr, im Versand, in der mobilen Telefonie oder im Raumtourismus. In Frankreich ist er vor allem für seine Virgin Megastores bekannt. Er wurde für seinen Wagemut gefeiert, als er etwa durch die Gründung der Virgin Atlantic das Monopol der British Airways aufbrach. Und da er viel gewagt hat, ist er auch oft gescheitert.

In der Überzeugung, dass zwischen Pepsi und Coca-Cola noch Platz sei, lancierte er 1994 mit großem Tamtam Virgin Cola, musste sich aber dazu entschließen, den Handel wieder einzustellen. Zu Beginn der Internetära hatte er die innovative Idee, eine eigene Linie von Kosmetikprodukten sowohl online als auch in Geschäften und bei großen privaten Veranstaltungen zu verkaufen. Er fuhr horrende Verluste ein. Dann wollte er es mit Apple aufnehmen und lancierte drei Jahre nach dem ersten iPod den Virgin Pulse, der mehr wie ein Chronometer aussah als ein MP3-Player. Es war ein »Industrie-Unfall«. Die Liste ist damit noch längst nicht erschöpft: Zu wagen heißt, zu scheitern wagen.

Am Anfang seines Abenteuers als Unternehmer stand ein Fiasko. Kurze Zeit, nachdem Richard Branson sein erstes Unternehmen gegründet hatte, das Schallplatten versandte – er war 21 Jahre alt –, wurde er der Steuerhinterziehung überführt, verbrachte sogar eine Nacht im Gefängnis und erhielt eine so hohe Geldstrafe, dass seine Mutter ihr Haus mit einer Hypothek belasten musste. Dieser Dämpfer zwang ihn einerseits zu lernen, wie man ein Unternehmen führt, und andererseits, im Schnellverfahren eine Schallplattenfirma aufzubauen, um seine Schulden zurückbezahlen zu können. Er wird die größten Stars der Achtzigerjahre unter Vertrag nehmen: Peter Gabriel, Human League, Phil Collins …

Es ist ungeheuer lehrreich, Richard Branson über seine Misserfolge sprechen zu hören. Im Zusammenhang mit Virgin Cola gibt er lächelnd zu, sich mit einem Giganten angelegt zu haben. Bei Virgin Pulse verstand er in dem Moment, als er seinen MP3-Player zum ersten Mal sah, dass er kein Steve Jobs ist. Wenn er das erzählt, lächelt er. Man könnte meinen, ihm gefalle sein Scheitern und dass Misserfolge seinen Wagemut mehr anspornen als Erfolge. »Die Wagemutigen leben nicht lange, aber die anderen leben überhaupt nicht«, hat er einmal gesagt. Das ist die bransonsche Variante des französischen Sprichworts »Den Wagemutigen lacht das Glück«. Warum den Wagemutigen das Glück lacht? Weil sie es herausgefordert haben: Sie haben sich und ihr Talent herausgefordert.

Xavier Niel ist in vielerlei Hinsicht der französische Richard Branson. Es gibt erstaunliche Parallelen zwischen den beiden: keine Abschlüsse, erste unternehmerische Wagnisse vor der Volljährigkeit, Festnahme und kurze Haft, Vorstöße im Bereich der mobilen Telefonie … Wie sein britischer Kollege, hat auch Xavier Niel den Wagemut eines Pioniers unter Beweis gestellt und einige Glanzleistungen vollbracht. Als junger Mann schuf er das erste Minitel-Telefonbuch (3615 ANNU), in dem man anhand der Rufnummer den dazugehörigen Namen herausfinden konnte. Seine Vorgehensweise gibt einen Einblick in seine Denkweise. Da er sich nicht das gesamte Telefonbuch für Frankreich leisten konnte, machte er sich ganz frech, aber durchaus legal, eine Lücke zunutze, um an die Daten heranzukommen: In der Ära der braunen Minitel-Geräte waren die ersten drei Minuten Nutzung kostenlos. Also ließ Xavier Niel mehrere Hundert Minitel-Terminals gleichzeitig laufen, um an den gesamten Datensatz zu kommen. Verständlich, dass der Betreiber France Télécom ihn nicht gerade ins Herz schloss! 1999 lancierte er Free, den ersten kostenlosen Internetanbieter, und begründete damit seinen Erfolg. Doch er gab sich damit nicht zufrieden. Die Idee des Triple Play – woraus später die Freebox entstand, die erste ADSL-Multiservicebox – geisterte ihm bereits durch den Kopf. In der Überzeugung, dass bestimmt irgendein Erfinder im Silicon Valley schon daran gedacht hatte, reiste er in die USA auf der Suche nach der »magischen Box«. Doch weit gefehlt, von Palo Alto bis San Francisco fand sich nicht die leiseste Spur einer solchen Box. Auf der weltweit größten Rolltreppe der Universal Studios Hollywood fassten dann Xavier Niel und seine Geschäftspartner den kühnen Entschluss: Wenn es sie nicht gibt, erfinden wir sie eben selbst! Einige Monate später war die Freebox da, eine hundertprozentig französische revolutionäre Erfindung für 29,99 Euro im Monat. Die Kunden stürzten sich auf das innovative Produkt, das die Konkurrenz eilends nachbaute. Seinen schönsten Coup landete Xavier Niel jedoch 2012 mit seinem Mobilfunkbetreiber Free Mobile und dessen aggressiver Preispolitik: Für 19,99 im Monat gab es eine Flatrate in alle Netze inklusive SMS und Daten, bei einem alternativen Tarif 60 Freiminuten und 60 SMS für zwei Euro monatlich. Gleich am ersten Tag schlossen eine Million Franzosen einen Vertrag ab. Inzwischen sind es sechs Millionen.

Jedes Mal ist Xavier Niel ein Wagnis eingegangen. In allen vier beschriebenen Fällen (3615 ANNU, Free, Freebox, Free Mobile) hätte er nicht gehandelt, wenn er erst die Sachlage rational analysiert und abgewartet hätte, bis er seiner Sache ganz sicher sein konnte. Logisch, dass auch er, genauso wie Richard Branson und alle authentischen Entscheider, eine ganze Reihe von Fehlschlägen eingesteckt hat: emploi.com, immobilier.com und so weiter.

Ganz offensichtlich hat der aus bescheidenen Verhältnissen stammende Tekkie aus Créteil, einer Gemeinde in der südöstlichen Banlieue von Paris, die Triebfeder des Handelns begriffen, die der Philosoph Alain humorvoll auf den Punkt bringt: »Das Geheimnis des Handelns liegt darin, sich ans Handeln zu machen.«

Genau genommen geht es um das Gelingen des Scheiterns. Nicht so sehr, um Lehren daraus zu ziehen. Eher um zu beweisen, dass wir fähig sind, das Schema unserer Excel-Tabelle zu verlassen. Um zu entdecken, dass das Leben dadurch reicher und bunter wird. Denn das eigentliche Scheitern besteht darin, nie gescheitert zu sein. Und das hieße, dass wir kein einziges Mal ein Wagnis eingegangen sind.

Dies gilt für den Einzelnen ebenso wie für eine ganze Gesellschaft: Erst der Sinn für das Risiko macht eine Kultur lebendig.

11

IST WAGEMUT ERLERNBAR?

»Jede Reise beginnt mit dem ersten Schritt.« *Lao-tse*

Wenn ein Sportler in die Offensive geht, dann nur, weil er eine Vielzahl einfacher Bewegungsabläufe perfektioniert hat. Er muss sie wiederholen noch und noch, bevor er sich erlauben kann, einen Volltreffer zu wagen.

Zlatan Ibrahimović hat sich durch bemerkenswerte Tore ausgezeichnet, deren Zustandekommen sich einer Mischung aus Fußball, asiatischem Kampfsport und Schlägerei verdankt. Ich hatte das Glück, einmal ein Spiel von Paris Saint-Germain gegen den SC Bastia im Parc des Princes zu sehen, das wegen einer jener typischen Aktionen à la Zlatan in die Annalen eingegangen ist: Mit einer unfassbaren Finesse, fast wie in Zeitlupe, verwandelte er eine Flanke mit dem Außenrist über seine Schulter in ein Tor. Wer sich diesen Bewegungsablauf ansieht, reibt sich verwundert die Augen: Das ist mehr als wagemutig. Doch möglich geworden durch jahrelanges Training und intensives Taekwondo in der Jugend. All diese Lehrjahre verdichten sich in diesem einen Moment, in dem er die geniale Eingebung hat, den Ball auf diese besondere Weise zu umschmeicheln.

»Man muss planen wie ein Stratege und handeln wie ein Einfältiger«, schreibt René Char in *Feuillets d'Hypnos.* Mit diesem schönen Aphorismus im Kopf sollten wir uns das Meisterstück von Zlatan Ibrahimović noch einmal ansehen. Wenn er trainiert, sich in eine Situation hineinversetzt, antizipiert, plant er »wie ein Stratege«. Doch in dem Moment, mitten im Spiel, vor Tausenden von Zuschauern, wenn er es wagt, diesen Außenristtritt im Sprung zu vollführen, handelt er »wie ein Einfältiger«: Er vergisst alles. Er setzt in die Tat um, was er schon lange vorbereitet hat, ohne zwingend darüber nachzudenken.

Das ist die erste Voraussetzung des Wagemuts: Wer Erfahrung hat, immer mehr Kompetenz erlangt und die eigene Komfortzone im Griff hat, kann sich trauen, sie zu verlassen und den »einen Schritt mehr« zu tun. Wer wenig Erfahrung hat, wird versucht sein, in jeder Situation darauf zurückzugreifen: Er wird wenig wagen. Wer viel Erfahrung hat, wird naturgemäß nie vollständig darauf zurückgreifen können, deshalb wird er seinem Bauchgefühl folgen. Wagemut ist ein Ergebnis, es wird erkämpft: Wir werden nicht wagemutig geboren, wir werden es mit der Zeit.

Genau genommen ist wahre Erfahrung immer auch Selbsterfahrung und bedingt als solche die Risikofreude. Ein Unternehmer, der sich selbst gut kennt, kann im Augenblick der Entscheidung auf sein Gefühl, auf seine Affekte achten. Fühlt es sich genauso an wie bei früheren Gelegenheiten, als er gekonnt zu entscheiden gewusst hat? Drängt sich ihm auch jetzt der Eindruck des Offenkundigen auf, der jedes Mal da war, wenn er eine Gelegenheit beim Schopf gepackt hat?

In jungen Jahren war Xavier Niel ziemlich still, unauffällig und ein Durchschnittsschüler. Er war nicht wagemutig, nichts interessierte ihn wirklich. Der Computer, den er mit 15 Jahren unterm Weihnachtsbaum vorfand, veränderte alles. Seine Begeisterung für Informatik gab ihm Halt, und er konnte eine Kompetenz entwickeln. Diese Kompetenz machte aus ihm einen Wagemutigen. Man muss kompetent sein, um über seine Kompetenz hinweg die Fähigkeit zum Wagnis an sich zu entdecken.

Wie lautet die berühmte Erwiderung von Lino Ventura im Film *Les Tontons flingueurs* (dt. *Mein Onkel, der Gangster*)? »Idioten trauen sich alles, daran erkennt man sie.« Sie trauen sich alles, weil sie nichts oder wenig wissen. Ihnen fehlt es an Erfahrung, an Kompetenz. Aber ist ihr Wagemut dann wirklich Wagemut? Vermutlich nicht: Sie sind unfähig, das eingegangene Risiko einzuschätzen.

Wagen lernen, heißt lernen, nicht alles zu riskieren; es dann zu tun, wenn man es muss, wenn Handlungsnotwendigkeiten den Sprung ins Unbekannte notwendig machen. Auf diese Weise können wir auch den schönen Vers von René Char verstehen: »Erzwinge dein Glück, nimm es in die Hand und gehe auf dein Risiko zu.«

Nimm dein Glück in die Hand: Finde Vergnügen daran zu tun, worauf du dich verstehst, und bewohne mit Freuden deine Komfortzone; bleib so lange dort wie nötig.

Gehe auf dein Risiko zu: Und finde dann die Kraft, dich hinauszutrauen, wenn die Notwendigkeit gekommen ist.

Erst das Meistern lässt die Gunst des Nicht-Meisterns zu. Daran sollten wir uns erinnern, wenn wir spüren, dass uns der Mut fehlt.

Eine andere Möglichkeit, das Wagen zu lernen, besteht darin, den Wagemut anderer zu bewundern. Das hat etwas Tröstliches und beweist, dass es möglich ist zu werden, der man ist. Nichts anderes haben die Vorbilder Diego Velázquez und Paul Cézanne dem Maler Pablo Picasso eingeflüstert, nichts anderes hat Georges Brassens bei Charles Trenet und Barbara bei Édith Piaf gefunden. Barbara hat nicht versucht, Édith Piaf nachzuahmen: So ist sie Barbara geworden. Édith Piaf wagte einen femininen Ausdruck mit einem Sinn für das Tragische. Dies sollte Barbara auf ihre eigene Weise umsetzen. Ihre Bewunderung war Anteilnehmen im besten Sinne des Wortes. Édith Piaf hat ihr als Vorbild Flügel verliehen. Die Einzigartigkeit der Schöpferin von »La vie en rose« hat sie die eigene Fähigkeit erkennen lassen, sie selbst zu werden. Charles Trenet hatte echte dichterische Ambitionen und war durch die raffinierten Rhythmen des amerikanischen Jazz beeinflusst. An seinem Beispiel wurde Georges Brassens klar, dass populäre Chansons sehr wohl anspruchsvoll sein können. Picasso bewunderte bei Velázquez, einem Andalusier wie er selbst, das Spiel mit den Blicken und Spiegelreflexionen, die illusionistische Virtuosität, die Gemälde wie *Las Meninas* zu wahren Rätseln macht. Picasso hat diese illusionistischen Effekte zu einem Schlüsselmoment seines Werkes gemacht. Er malte 58 Variationen zu *Las Meninas*, und in der letzten stellte er sich im Spiegel in der Bildmitte sogar selbst anstelle von Velázquez dar. Große Wagemutige sind auch große Bewunderer. Oft ist es die Einzigartigkeit, die sie beim anderen bewundern. Sie ahmen sie nicht nach: Der andere fasziniert sie, weil er unnachahmlich ist. Aber sie lassen sich von ihm inspirieren. Das ist das Schöne an einem Vorbild, das nicht als etwas Nachahmenswertes begriffen wird.

In Mark Twains *Abenteuer des Huckleberry Finn* ist zu lesen: »Halten Sie sich fern von denjenigen, die versuchen, Ihren Ehrgeiz herabzusetzen. Kleingeister tun das immer, aber die wirklich Großen geben Ihnen das Gefühl, dass auch Sie selbst groß werden können.« Genau, sie geben uns das ohne Worte zu verstehen, sie müssen nur sie selbst sein: Ihr Vorbild spricht mehr als tausend Worte.

Fehlender Wagemut könnte damit zusammenhängen, dass man nicht zu echter Bewunderung fähig ist. Ohne inspirierende Vorbilder drohen unsere Erfahrung und Kompetenz unsere Einzigartigkeit zu ersticken. Bewunderung kann ein Auslöser sein und uns dazu bringen, wagemutig Gebrauch von unserer Kompetenz zu machen.

Aus dieser Perspektive stellt die nie dagewesene Präsenz von Figuren der Mittelmäßigkeit, Produkten des Reality-TV, etwa auf den Titelseiten der Promi-Magazine, eine echte Gefahr für die Gesellschaft dar. Dass eine Epoche so viele untalentierte, uncharismatische Persönlichkeiten hypt, hat es in der Menschheitsgeschichte bisher nicht gegeben – mit kaum absehbaren Folgen. Wir setzen unseren eigenen Wagemut, unsere eigene Kreativität aufs Spiel, wenn wir niemanden mehr haben, den wir wirklich bewundern können.

Um erfolgreich wagen zu können, sollten wir zudem nicht allzu perfektionistisch sein. Viele Kinder sind völlig gelähmt, wenn sie das Wort ergreifen, ein Klavierstück spielen oder ein Gedicht aufsagen müssen. Statt etwas Unvollkommenes würden sie am liebsten gar nichts tun. Sie haben Angst vorzutreten und denken, sie seien noch nicht so weit. Sie sind zu perfektionistisch. Man müsste ihnen sagen, dass Handeln – und nur Handeln – uns von unseren Ängsten befreit. Ihnen diesen schönen Satz von Paul Valéry zurufen: »Was muss man nicht alles übersehen, um zu *handeln*!« Dieses absichtliche Übersehen ist nicht gleichzusetzen mit »nicht wissen« oder »unbeachtet lassen«. Der Satz will verdeutlichen, dass es hilfreich sein kann, wenn wir uns der Schwierigkeiten, die uns bevorstehen, nicht bewusst sind. Und dass wir die Fähigkeit besitzen müssen, über das, was wir wissen, hinwegzusehen und bestimmte Gegebenheiten außer Acht zu lassen. Perfektionisten machen das genaue Gegenteil: Sie verschanzen sich hinter der Idee, dass man alles wissen muss, bevor man loslegt. Folglich legen sie vor lauter Hemmung gar nicht oder ungeschickt los.

Die Digitalwirtschaft ist eine hervorragende Schule, um uns von der Krankheit des Perfektionismus zu heilen. Technologien und Konsumgewohnheiten ändern sich in diesem Bereich so rasend schnell, dass die klassische Vorgehensweise der Wirtschaft – Produkte durchlaufen erst eine lange Testphase, bevor sie auf den Markt kommen – nicht mehr infrage kommt. Mit jedem Tag wächst die Gefahr, dass ein Produkt veraltet. Deshalb müssen ständig neue Dienste und Produkte angeboten und das Kundenverhalten beobachtet werden, um Erstere entsprechend zu verbessern oder vom Markt zu nehmen. Das Scheitern betrifft, viel mehr als früher, den Herstellungsprozess. Hier ist Perfektionismus verboten.

Google beispielsweise, das Unternehmen mit dem weltweit zweithöchsten Börsenwert (nach Apple), bietet dauernd neue Produkte an, die nie ein Publikum finden. Weil sie nicht von Innovationen überrumpelt werden wollen, schleudern die Bosse von Google alle Neuheiten auf den Markt, sobald sie entwickelt wurden, und ändern genauso schnell auch wieder die Marschrichtung. In dem kurzen Leben des 1998 gegründeten Internetgiganten wurden schon Dutzende Produkte oder Dienste wieder aufgegeben. Aber genau diese Experimente sind es, die den Vormarsch von Google beflügeln. Es gibt einen engen Zusammenhang zwischen der Anzahl der Fehlschläge, der Innovationskraft und der Macht von Google.

Der Verkauf von Google Glass wurde Anfang 2015 eingestellt. Mitte 2013 war schon Google Reader eingestellt worden, wie zuvor Google Wave oder Google Answers. Das soziale Netzwerk Google+, als Konkurrenz zu Facebook gedacht, war ebenfalls ein Flop. Allerdings mit dem Nebeneffekt, dass Google aufgrund des Surfverhaltens der Nutzer, die einen Google+-Account verwendeten, Informationen über deren Gewohnheiten sammeln und daraufhin neue Dienste entwickeln konnte. Die Rückmeldungen der Konsumenten über Schwächen und Mängel von Diensten helfen, diese ständig weiter zu verbessern oder neue anzubieten. Diese Logik der permanenten Optimierung ist das genaue Gegenteil eines krampfhaften Perfektionismus. Auf der französischen Startseite von Google ist unter dem Logo manchmal ein Zitat von Jacques Rouxel zu lesen: »Nur durch ständiges Probieren gelangst du irgendwann zum Erfolg. Folglich: Je öfter du scheiterst, desto größer die Chance, dass es klappt.« Google ist eine »Versuchsmaschine«. Sie folgt der Methode: viel ausprobieren und oft scheitern, um erfolgreich zu sein. Wenn die Geschäftsführer jedes Mal das perfekte Produkt anbieten wollten, wären Letztere weniger innovativ und unrentabler. Das ist das genaue Gegenteil der Angst vorm Scheitern, die sich als Perfektionismus tarnt und jeden Verzicht rechtfertigt.

Schließlich sollten wir uns, um die Fähigkeit zum Wagemut zu fördern, bei jeder Gelegenheit an folgende Selbstverständlichkeit erinnern: Noch schwerer sind Fehlschläge zu verkraften, die eintreten, ohne dass wir etwas gewagt haben. Wer hat das nicht schon einmal erlebt: Auf einer Party haben wir uns den ganzen Abend nicht getraut, eine interessante Person anzusprechen. Wenn sie dann geht und uns unser Scheitern offensichtlich wird, stellen wir fest, dass es uns wohl besser ergangen wäre, es wenigstens versucht zu haben, auch auf die Gefahr hin, eine Abfuhr zu bekommen. Von diesem fehlenden Wagemut und seinen schmerzhaften Folgen erzählt »Les passantes«, eines der ergreifendsten Chansons von Georges Brassens: »Je veux dédier ce poème/À toutes les femmes qu'on aime/Pendant quelques instants secrets.« – »Ich möchte dieses Gedicht all jenen Frauen widmen, die wir einige geheime Augenblicke lang lieben.« Diese »geheimen Augenblicke« sind jene Momente, in denen wir zaudern und den Mut nicht finden, ein Gespräch zu beginnen.

Später beschreibt Brassens verschiedene solcher Begegnungen mit Frauen, die Männer nicht anzusprechen gewagt haben: »Der Reisegefährtin, deren Augen wie eine betörende Landschaft den Weg kurz erscheinen lassen, den man als Einziger, vielleicht, verstehen kann und trotzdem enden lässt, ohne über ihre Hand zu streichen.«

Und er endet mit der Bitterkeit, die uns an der Schwelle zum Tod zu überkommen droht, wenn wir an alle Gelegenheiten denken, die wir nicht zu ergreifen gewusst haben: »Doch wenn man sein Leben verpasst hat, denkt man mit leisem Verlangen an alle flüchtig erblickten Glücksmomente zurück, an die Küsse, die man sich nicht zu nehmen traute, an die Herzen, die auf einen warten müssen, an die Augen, die man nie wiedersah./Dann, an verdrießlichen Abenden, wenn man die Einsamkeit mit den Geistern der Erinnerung bevölkert, weint man mit abwesenden Lippen über all jene schönen Passantinnen, die man nicht aufzuhalten vermochte.«

Auch Sportler kennen das: Wenn man verliert, ohne irgendetwas gewagt zu haben, bleibt ein schaler Geschmack zurück. Was wir dann am meisten bedauern, ist, nicht um alles gespielt zu haben, um daraus nicht wenigstens den Nutzen einer Annäherung an unser Talent zu ziehen.

Demnach weist eine Methode zum Erlernen von Wagemut vier Eckpunkte auf:

- Erhöhe deine Kompetenz
- Bewundere den Wagemut anderer
- Sei nicht zu perfektionistisch
- Vergiss nicht, dass ein Scheitern wegen fehlenden Wagemuts besonders wehtut.

12

DIE GESCHEITERTE SCHULE?

> »Lehren bedeutet nicht, ein Fass zu füllen, sondern ein Licht anzuzünden.«
> *Michel de Montaigne*

In unseren Schulen wimmelt es von talentierten Lehrerinnen und Lehrern, die sehr um unsere Kinder besorgt und auf ihre Fortschritte bedacht sind, die fähig sind, Begeisterung für ihr Wissen zu wecken, und denen am Herzen liegt, allen Kindern dieselben Erfolgschancen zu ermöglichen. Ich selbst habe es meinem Französischlehrer zu verdanken, dass ich meinen Wunsch entdeckte, Autor zu werden, und kann aus heutiger Sicht sagen, dass meine Begegnung mit dem charismatischen Philosophielehrer Bernard Clerté mein Leben verändert hat. Mein Beruf als Lehrer bereitet mir Tag für Tag Momente großer Freude. Es geht mir im Folgenden also nicht darum, über unser Schulsystem herzuziehen, zumal kein Schulsystem perfekt ist.

Dennoch scheint mir, dass die Schule sich selbst dazu verdammt, ihre ureigene Rolle nicht zu erfüllen, wenn sie es unterlässt, die Tugenden des Scheiterns zu lehren. Bevor ich darauf näher eingehe, möchte ich klarstellen, aus welcher

Warte ich spreche. Ich habe in sehr unterschiedlichen Zusammenhängen unterrichtet: an einer ganz gewöhnlichen Schule in einer Kleinstadt im Hauts-de-France, an einem großen Pariser Gymnasium, an Problemschulen in Seine-Saint-Denis, am staatlichen Gymnasium der Ehrenlegion und am Pariser Institut d'études politiques. Ich hatte Schüler aus Sozialbauvierteln (cité des Bosquets, Montfermeil) und aus schicken Pariser Wohnvierteln; Kinder vom Land, die mit dem Mountainbike durch die Felder in die Schule radelten, und Vorstadtkids, die noch nie das Meer gesehen hatten. Doch bei allen konnte ich Konstanten ausmachen, die mir problematisch erscheinen.

Schule fördert nur ungenügend die Einzigartigkeit des Einzelnen

Die erste Konstante scheint anekdotisch zu sein, ist es aber nicht: Schüler werden nur selten dafür gelobt, *wie* sie sich irren. Eine schlechte Note für eine gar nicht gelieferte Arbeit zu bekommen, ist die eine Sache, eine andere ist es, wenn sich ein Schüler leidenschaftlich in ein abwegiges Thema verrannt hat und dafür die schlechte Note kassiert. Wir sollten Schüler, die sich auf originelle Weise geirrt haben, viel öfter loben und ihnen deutlich machen, dass bestimmte (sonderbare, unerwartete) Arten, eine Sache in den Sand zu setzen, zukünftige Erfolge verheißen können. Sie könnten dann besser mit Kritik umgehen, würden sich ermuntert fühlen, ihr Talent zu entwickeln, und begreifen, dass Irren keine Schande ist.

Erst nach vielen Jahren Unterricht ist mir klar geworden, wie wichtig es ist, dem Schüler seine Einzigartigkeit gerade in dem Moment zu vermitteln, wenn er scheitert. Ich konnte seitdem beobachten, dass diese Vorgehensweise von großem Nutzen für die Schüler ist. Sie hören gerne, wenn man ihnen sagt, dass niemand jemals zuvor einen so lustigen Unsinn von sich gegeben hat oder dass sie auf überaus spannende Weise über ein Thema geschrieben haben, wenn auch am eigentlichen Thema vorbei. Oder einfach, dass es ein »guter Versuch« war. Sie finden das amüsant, fühlen sich manchmal geschmeichelt, aber nie gedemütigt.

Überhaupt sollten wir uns häufiger mit den Misserfolgen beschäftigen. Viel zu oft gehen wir mir nichts, dir nichts zu etwas anderem über, als wollten wir sie nicht sehen, als wären sie wertlos und beschämend. Eine alltägliche Szene in einer Schule: Schüler X bekommt eine schlechte Note – übrigens meistens laut vor der ganzen Klasse mitgeteilt, was in den USA undenkbar wäre – und darf sich dann mit der ganzen Klasse vom Lehrer die Musterlösung anhören. Die Botschaft ist klar: Es gibt nur eine Methode, die man anwenden muss, um eine gute Note zu bekommen. Nur sie ist interessant. Daher die Wiederholung der Musterlösung seitens des Lehrers. Das ist freilich nicht die einzige Vorgehensweise an den Schulen, aber es gibt andere Länder wie Finnland beispielsweise, wo das Vortragen der Musterlösung undenkbar ist, weil sie dem Grundsatz des individualisierten Unterrichts widerspricht.

Typisch ist außerdem der Frontalklassenunterricht, wo der Lehrer vor einer Klasse mit 30 Schülern steht und alleine redet. Obwohl inzwischen auch Halbgruppen gebildet werden und es hier und da wöchentlich zwei Stunden individuelle Betreuung gibt, ist das der am meisten verwendete Unterrichtsstil im Schulalltag. Nicht selten zählen die Klassen sogar 40 Schüler! Verglichen mit den Schulsystemen anderer Länder tendiert unser Unterrichtsformat dazu, einzelne Begabungen im Keim zu ersticken.

In den USA, Großbritannien oder sogar in Deutschland sind die Klassen kleiner, und es wird größerer Wert auf die Lehrer-Schüler-Beziehung gelegt. An bestimmten britischen Schulen werden regelmäßig Preise verliehen, aber nicht nur für gute schulische Leistungen, sondern auch für den »Faulpelz des Tages«, den »Komiker der Woche« oder das »schönste Liebespärchen«. Es wird alles Mögliche getan, um die Schülerinnen und Schüler zu ermutigen, ihre Persönlichkeit zu entwickeln – weit über ihre schulischen Leistungen hinaus.

Finnland liegt, wie die PISA-Studien ergaben, in allen Bildungsbelangen ganz weit vorne: Die sozioökonomischen Unterschiede wirken sich so gut wie nicht auf die schulischen Leistungen aus; die Unterschiede zwischen den Schulen sind minimal; die Zufriedenheit der Schüler ist hoch und so weiter. Die Klassengröße beträgt im Durchschnitt 19 Kinder, und der Unterricht wird der individuellen Lerngeschwindigkeit angepasst. Um nur ein Beispiel zu nennen, das uns hierzulande sicherlich überraschen wird: Die finnischen Kinder dürfen sich bis zum Alter von neun Jahren Zeit lassen, um lesen zu lernen. In den ersten Schuljahren liegt der Schwerpunkt auf der Förderung der individuellen Fähigkeiten und der Neugierde. Noten werden erst ab dem elften Lebensjahr vergeben. Das Schulprogramm im Rahmen der »Grundschule« ist für alle Kinder zwischen sieben und 13 Jahren gleich. Ab dem Alter von 13 Jahren kann jeder Schüler bis zu sechs Fächer frei wählen und so seinen Unterricht flexibel gestalten. Ab 16 dürfen sie ihr Unterrichtsprogramm ganz frei zusammenstellen. Klassen im herkömmlichen Sinne gibt es in Finnland nicht. Es gibt so gut wie keine Hauptfächer. Anders als die französischen Lehrkräfte, die sich an Schulprogramme halten müssen und regelmäßig begutachtet werden, verfügen die finnischen Lehrkräfte über große pädagogische Freiheiten. Ergebnis: Das kleine Land mit den knapp sechs Millionen Einwohnern ist heute eines der innovativsten Länder weltweit mit einer der höchsten Quoten an Patentanmeldungen. Und das ist keine Frage der Finanzmittel, denn der Anteil der Bildungsausgaben beträgt in Finnland sieben Prozent des Bruttoinlandsprodukts und entspricht damit etwa dem in Frankreich.

Hinter diesem Erfolg steckt eine einfache Idee. Hannu Naumanen, Direktor i. R. des Pielisjoen-Gymnasiums in Joensuu, fasst sie zusammen: »Man muss zur Geltung bringen, was einer weiß, nicht, was einer nicht weiß. Das Wichtigste ist, dass die Schüler das Gefühl haben, in irgendetwas richtig gut zu sein.« Daraus entsteht eine ganz andere Sicht auf mangelhafte Hausaufgaben oder verhauene Übungen. Was bei uns als Regelverstoß gilt, sehen finnische Lehrkräfte als wertvollen Hinweis, um den Schüler dahin zu führen, wo sich sein Talent frei entfalten kann.

Zweite Konstante: Die Schüler werden dazu angehalten, mehr an ihren Schwächen als an ihren Stärken zu arbeiten. Ich habe lange gebraucht, um das zu erkennen, aber seitdem fällt es mir ständig auf. Auf Dutzenden von Klassenkonferenzen, an denen ich teilgenommen habe, zogen es die Kollegen vor, die Schwäche eines Schülers in einem Fach hervorzuheben, statt seinen hervorragenden Ergebnissen in den anderen Fächern Beachtung zu schenken. Wenn ein 14-jähriger Schüler sich in Französisch oder Kunst begabt zeigt, aber in Mathematik eine schlechte Note hat, wird sich das Gespräch meistens darum drehen, wie er in Mathe Fortschritte machen kann. In den USA oder Finnland hingegen wird der Akzent darauf gelegt, dass seine Begabung in Französisch oder Kunst – gemessen an einem ganzen Leben – einen Vorzug darstellt. Bei uns ist der vielseitige, fleißige, »regelkonforme« Schüler das Ideal. Schüler, die in allen Fächern einigermaßen gut sind, werden denen mit einem atypischen Profil – Stärken hier, Schwächen da – vorgezogen.

Hinter unserer Vorgehensweise verbirgt sich eine Weltanschauung, die es verdient, beleuchtet zu werden. Was sind die Voraussetzungen für ein gelungenes Leben? Keine Schwächen zu haben? Stärken haben zu müssen? Überall einigermaßen gut zu sein, weil die Methoden fehlerfrei angewandt werden? Oder zur Einzigartigkeit mit all ihren Stärken und Schwächen zu stehen?

Julien Gracq gibt darauf eine Antwort. Der Autor von *Au château d'Argol* (dt. *Auf Schloss Argol*) und *Le Rivage des Syrtes* (dt. *Das Ufer der Syrten*) erinnert in dem Roman *Un beau ténébreux* (dt. *Der Versucher*) an die erfolgreiche Strategie des Schachspielers: »Diejenige von Niemzowitsch zum Beispiel, vielleicht die tiefste und allgemeinste, die man aufgestellt hat, die sich vermutlich auch auf etwas ganz anderes anwenden lässt als auf das Schachspiel: ›Nie die schwachen Punkte verstärken – immer die starken Punkte verstärken‹.«

Julien Gracq war nicht nur der vom Surrealismus beeinflusste, begnadete Stilist, der 1951 den Prix Goncourt ablehnte. Er unterrichtete auch sein Leben lang Geschichte und Geografie als Gymnasiallehrer. Dieser Satz gibt vermutlich seine Lehrerweisheit wieder. Man sollte an seinen »schwachen Punkten« arbeiten, damit sie einem den Weg nicht verbauen, vor allem aber sollte man seine »starken Punkte verstärken«, mit anderen Worten auf das eigene Talent setzen.

Und wenn die Schule etwas wagen würde?

Demnach favorisiert allem Anschein nach unser Schulsystem die guten, »regelkonformen« Schüler. Die Kinder aufzufordern, die Regeln zu befolgen, statt wagemutig sie selbst zu werden, entspricht das nicht der Logik der »Schule der

Gleichheit für alle«? Dürfen wir ihr das dann zum Vorwurf machen?

Wenn die Wagemutigen und Sonderlinge sich in den vier Wänden unserer Klassenzimmer eingeengt fühlen, erkennen sie auf diese Weise vielleicht ihre Unterschiedlichkeit und können ihr später, außerhalb der Schule, Ausdruck verleihen. Die Sängerin Camille ist in Paris am Lycée Henri IV zur Schule gegangen und hat dann am Institut d'études politiques studiert. Das hat sie nicht daran gehindert, zu einer der eigenwilligsten Stimmen der französischen Musiklandschaft zu werden. Der Komponist und Interpret Jean-Jacques Goldman hat einen EDHEC-Abschluss gemacht, und der Sänger Antoine ist Absolvent der renommierten École Centrale. Eine INSEE-Umfrage hat übrigens gezeigt, dass die Künstler in Frankreich im Schnitt mehr Diplome haben als anderswo. Folglich legt unsere Schule Talenten zwar Zügel an, gibt ihnen aber gleichzeitig auch Nahrung.

Ein beruhigender Gedanke, dem man allerdings eine Vielzahl von Wagemutigen entgegenhalten muss, die die Schule verlassen haben, weil sie ihre Zwänge nicht mehr aushielten. Jean Paul Gaultier ging vor dem Abitur von der Schule ab, weil er es eilig hatte, es mit der Welt da draußen aufzunehmen und für seine Kunst zu leben. Er schickte seine Skizzen Pierre Cardin zu, der sie toll fand. Da war er keine 18 Jahre alt. Der Dreisternekoch und Publizist gastronomischer Literatur Alain Ducasse hielt den konventionellen Unterricht nicht aus, verließ das Gymnasium und begann eine Lehre im Restaurant »Le Pavillon Landais« in Soustons. Der Unternehmer und Kunstsammler François Pinault hat die Schule mit 16 geschmissen. Jean-Claude Decaux gründete mit 18 sein Außenwerbeunternehmen JCDecaux. Sie alle mussten der »Schule der guten Schüler« entfliehen, um ihrem Talent eine Chance zu geben. 22 Prozent der französischen Unternehmensgründer haben kurz vor dem Abitur die Schule oder kurz danach das Studium geschmissen.

Sollten wir uns also für eine Reform der Schule stark machen? Bevor ich auf diese Frage antworte, sei mir ein kurzer historischer Rückblick erlaubt. Oberstes Ziel unseres Schulwesens war, die Gleichheit der Rechte Wirklichkeit werden zu lassen und nicht, die Besonderheiten des Einzelnen in den Vordergrund zu stellen. Hinter diesem Vorhaben steckte die Idee, allen Bürgern dasselbe Wissen zu vermitteln und also auch dasselbe Instrumentarium an die Hand zu geben, um ihre Bürgerschaft auszuüben. Die Vordenker unseres Schulsystems, Jules Ferry, Ferdinand Buisson oder auch Victor Cousin, standen alle unter dem Einfluss der Philosophie der Aufklärung von Immanuel Kant, für den die Erziehung zur Freiheit über das Lernen von Regeln und Gesetz ging. Wir bewegen uns also in universalistischen und rationalistischen Denkmustern, die Irrtum mehr im Sinne einer Verfehlung deuten und nicht als Beweis für Wagemut anerkennen.

Dieses Schulmodell hat lange Zeit gute Dienste geleistet. Es bot Kindern aus sozial schwachen Milieus die Chance, ihrem Los zu entkommen. Sozialer Aufstieg war mit dieser Schule, die für alle Kinder gleich war – ob von Arbeitern,

Professoren oder Notabeln –, tatsächlich möglich. Andernfalls hätten Kinder, die keine potenziellen Erben waren, nie und nimmer ihre einzigartigen Talente zur Geltung bringen können. Die »Husaren der Republik«, die Charles Péguy rühmte, hat es wirklich gegeben: Wenn ein frisch gebackener Gymnasiallehrer in einer kleinen Provinzstadt aus dem Zug stieg, um am Tag vor der *Rentrée* seine Stelle anzutreten, nahm ihn am Bahnsteig der Präfekt in Empfang und dankte ihm im Namen der Französischen Republik. Im Namen der Gleichheit.

Doch die Zeiten haben sich geändert. Die Ergebnisse der PISA-Studien für unser Land sind miserabel ausgefallen. Heute sind die sozioökonomischen Bedingungen bestimmend für die schulischen Leistungen. Die Eliteschulen sind Reproduktionsstätten des sozialen Systems. Trotz des guten Willens vieler meist vorbildlicher Lehrkräfte steckt unser Schulsystem in einer Krise. Es gewährleistet die soziale Mobilität nicht mehr. Der Gymnasiast in der Vorstadt Seine-Saint-Denis bekommt nicht die gleiche Schulbildung wie der Gymnasiast in der Innenstadt von Paris oder Lyon. Das war vor 50 Jahren noch anders.

Wenn die Schule nicht mehr die Schule der Gleichheit für alle ist, was spricht dann dagegen, dass sie eine Schule der Einzigartigkeiten wird? Wenn sie nicht mehr fähig ist, allen dasselbe Wissen zu vermitteln, warum sollte sie den Schwerpunkt nicht auf besondere Begabungen, Kreativität und Initiative legen? Wenn sie nicht mehr die Schule der Regeln ist, warum sollte sie dann nicht lernen, diejenigen zu ermutigen, die sich trauen? Statt an einem überholten Modell festzuhalten, könnten wir die Zeitenwende zur Kenntnis und zum Anlass für eine Reform des Bildungssystems nehmen. Dafür müssten wir anders über Unternehmergeist reden. Allerdings dürfte uns spätestens dann klar werden, dass wir einen langen Weg vor uns haben. Wir müssten »nützliche Kenntnisse« höher bewerten, doch wie wir gleich sehen werden, liegt das nicht in unserem kulturellen Selbstverständnis.

Dritte Konstante: Unternehmergeist wird in seiner Bedeutung von Lehrern häufig verkannt und die Realität verzerrt wiedergegeben. Noch heute verbreiten Wirtschaftshandbücher Klischees wie »Unternehmer beuten Arbeiter aus«, die sogar in dem auch ansonsten viel subtileren Werk von Karl Marx nicht zu finden sind, und stellen erst recht keine wagemutigen Unternehmer vor. Folgerichtig findet sich, anders als in den USA, auf der Liste der beliebtesten Persönlichkeiten der Franzosen kein einziger Unternehmer. Inzwischen gibt es zahlreiche Initiativen, die an dieser Situation etwas zu verändern versuchen. Die bedeutendste darunter ist die 2007 von dem Unternehmer und Autor Philippe Hayat ins Leben gerufene Vereinigung »100 000 Entrepreneurs«, deren Anliegen es ist, Aufklärungsarbeit an Schulen zu leisten. In knapp zehn Jahren wurden zehn Prozent einer bestimmten Altersstufe erreicht. In seinem Buch *L'avenir à portée de main* (dt. svw. »Zukunft greifbar nah«) schildert Philippe

Hayat, wie Männer und Frauen durch die Klassen ziehen und den Schülern etwas über den seltsamen Beruf des Unternehmers erzählen: Am Anfang gibt es einen Wunsch, eine Idee oder ein Bedürfnis, dann gilt es, die finanziellen Mittel zu finden und die Risiken zu minimieren – und dann riskiert man sein Glück. Sie erzählen ihnen auch, dass es in Frankreich nur halb so viele mittelständische Unternehmen gibt wie in Großbritannien und sogar nur ein Drittel so viele wie in Deutschland und dass es reichen würde, ihre Zahl zu verdoppeln, um viele Probleme zu lösen: Langzeitarbeitslosigkeit, Defizite der öffentlichen Haushalte, Pleiten von Sozialversicherungsträgern. Manchmal schaffen sie es, die Augen der Jugend zum Leuchten zu bringen, aber immer werden sie mit denselben Fragen konfrontiert: »Wie macht man das am Anfang ohne Geld?« – »Woher weiß ich, ob meine Idee gut ist?« Am häufigsten kommt jedoch die Frage: »Und wenn ich scheitere?«

Die Angst vorm Scheitern ist der größte Hemmschuh für unsere Jugend.

Vierte Konstante: unsere Unfähigkeit, »nützliche Kenntnisse« anzuerkennen. Kenntnisse werden viel zu oft als Selbstzweck oder als simple Gelegenheiten der Bewertung dargestellt. Den PISA-Studien zufolge haben französische Schüler viele Kenntnisse im Gepäck, wenn sie die Schule verlassen – viel mehr als beispielsweise amerikanische Schüler. Die Schule schafft es also tatsächlich, unseren Kindern dieses ganze Wissen beizubringen, allerdings geschieht dies auf eine viel zu theoretische und schulische Weise, die viel zu wenig lebensnah ist.

Kenntnisse an sich haben keinen Wert, sondern nur in Bezug darauf, was sie im Leben verändern können. Diesen »instrumentellen«, lebenswichtigen Bezug zum Wissen müssen wir stärker berücksichtigen. Außerdem dürfte das Wissen um das allgemeine Absinken des Niveaus auch den letzten Zweifel ausräumen: Um das Interesse der Schüler am Wissen zu wecken, müssen wir von dem ausgehen, was sie später damit anfangen können. Viele Lehrkräfte sind davon überzeugt: Geschichtslehrer zeigen ihren Schülern, wie wichtig die Kenntnis der Vergangenheit ist, um die Gegenwart zu verstehen; Philosophielehrer bringen Kindern aus ärmeren sozialen Schichten bei, dass ihnen die Philosophie Methoden an die Hand gibt, um sich auszudrücken und sogar ihren Aufruhr zu begründen. Diese Lehrer werden allerdings nicht selten von den »Inspektoren« der Schulaufsichtsbehörde gemaßregelt, die so tun, als wollten sie nicht sehen, dass unser Land sich verändert hat; andere als Demagogen abgekanzelt, die sich erst mal auf Augenhöhe mit den Schülern begeben. Obwohl sie wissen, dass es gar keine andere Methode gibt, um eine Beziehung zum Schüler aufzubauen. Einer dieser Inspektoren, der mir die Leviten gelesen hat, ist mir in lebendiger Erinnerung geblieben. Nachdem er meine Methoden beanstandet hatte, gemahnte er mich mit glühendem Blick an die Bedeutung des Wortes »Institution«: »Eine Institution ist etwas, das sich nicht bewegt, wenn alles andere in Bewegung ist; ein *tuteur*, an dem sich die Schüler festhalten können, wenn alles andere zusammenbricht.« Damit war alles gesagt. Und gekonnt obendrein, denn *tuteur* ist doppeldeutig und bedeutet Tutor und Stütze. Doch unser Land macht heute so große Umwälzungen durch, dass die Schule »sich bewegen« muss, wie ich meine, um mit der Welt im Wandel mithalten zu können.

In der zweiten der *Unzeitgemäßen Betrachtungen,* »Vom Nutzen und Nachteil der Historie für das Leben«, wettert Nietzsche gegen die eitle Gelehrsamkeit und den kleinbürgerlichen Geist. Er verspottet all jene, die ihr Wissen hüten wie Antiquare ihre Nippsachen: Tag für Tag entstauben sie sie, machen aber nichts daraus. Und am Ende geht ihnen vor lauter Staub die Luft aus. Nietzsche erinnert uns daran, dass die Kernfrage nicht lautet: Was weiß ich?, sondern: Was stelle ich mit meinem Wissen an? Er unterscheidet zwei Arten des Umgangs mit Wissen. Entweder wir gebrauchen unser Wissen, um uns zu beruhigen und uns hinter einer Logik der Kompetenz zu verschanzen; dann geben wir dem »Instinkt der Furcht« nach. Oder wir nehmen es als Ausgangspunkt, um uns anderweitig umzusehen; dann nähern wir uns ihm mit dem »Instinkt der Kunst«. In diesem Fall hat Wissen die Funktion, uns zum Leben, zum Handeln, zur immerwährenden Neuerschaffung unserer Existenz anzustacheln.

Ein Vers aus dem Gedicht »If–« von Rudyard Kipling bildet ein schönes Echo auf diese Philosophie des Wissens von Friedrich Nietzsche:

*»Wenn du kannst träumen, doch kein Träumer werden,
Nachdenken und gleichwohl kein Grübler sein;«*

Eine wagemutige Vision der Existenz muss *von Anfang an* das Wissen als Bestreben, über sich selbst hinauszuwachsen, präsentieren und unsere Kenntnisse als Begrenzungen einer Komfortzone, die es zu verlassen gilt.

Damit haben wir eine entscheidende Idee als Orientierungsmarke für eine Schulreform zur Hand: Alles Wissen muss, bei jeder Schülerin und bei jedem Schüler, den »Instinkt der Kunst« anstatt den »Instinkt der Furcht« fördern. Man sollte ihnen nicht nur das »Nachdenken« beibringen, wie es in dem Gedicht heißt, sondern auch, niemals nur »ein Grübler« zu sein.

Eine solche Leitidee hätte Folgen auf allen Ebenen. Geht es darum, den Lernstoff in einem Unterrichtsfach zu reduzieren? Der Standpunkt Nietzsches könnte dabei helfen zu unterscheiden, was an Lernstoff unbedingt beibehalten werden muss und was weniger nützlich ist. Sollten überhaupt noch Griechisch und Latein gelehrt werden? Ja, aber unter der Maßgabe, dass deutlich gemacht wird, wie diese toten Sprachen uns heute helfen, unsere Muttersprache besser zu verstehen. Ist das oft unterbewertete Fachabitur noch notwendig und bietet Aussichten auf einen Arbeitsplatz? Unbedingt, zumal in einer Welt, in der die Frage »Was weißt du?« weniger wichtig ist als die Frage »Was willst du mit deinem Wissen anstellen?«.

Genau um dieses freie, kreative, »instrumentelle« Verhältnis zum Wissen geht es im Philosophieunterricht der Oberstufe. Ausgehend von den Theorien der großen Denker lernen die Schüler, selbstständig zu denken. Ziel ist es nicht, Ideengeschichte zu lehren, sondern Freude am freien Denken. Die Entdeckung, dass Freiheit nach Descartes die Fähigkeit der freien Wahl bedeutet, nach Spinoza jedoch das Gegenteil, ist zugleich eine Aufforderung an die Schüler, sich ihre eigenen Gedanken über die Freiheit zu machen; wobei diese Referenzen als Aufhänger dienen, um sie zum Nachdenken anzuregen. Referenzen, die sich die Schüler umso besser merken, weil sie ihnen nicht unter der Maßgabe »was man wissen muss« dargelegt wurden und weil sie sie zu einer persönlichen Analyse angeregt haben. Deshalb müsste Philosophie schon in der Grundschule unterrichtet werden. Es wäre eine gute Art, unseren Kindern das ABC des nützlichen, existenziellen Verhältnisses zum Wissen zu vermitteln und ihnen so früh wie möglich kritischen Geist einzuflößen, der beste Schutz gegen Ideologien und eine Fixierung auf Identität.

Obendrein wäre es eine gute Art, unseren Kindern zu zeigen, dass ein gelungenes Leben ein kritisch hinterfragtes Leben ist. Und eine gute Art, sie mit dem »schönen Risiko zu leben« vertraut zu machen.

13

DAS GELINGEN DES ERFOLGS

> »For those of you expecting to get your ›Purple Rain‹ on, you're in the wrong house [...]. We're not interested in what you know, but what you are willing to learn.« *Prince*

Bis hierher haben wir uns gefragt, wie uns das Scheitern gelingen kann. Aber um uns langfristig verwirklichen zu können, muss auch der Erfolg gelingen –, und das ist alles andere als einfach. Wir müssen fähig sein, auch Erfolg als Chance wahrzunehmen, um etwas über uns zu lernen oder uns neu zu erfinden. Wie im Fall des Misserfolgs einer Überidentifizierung mit unserem Erfolg zu misstrauen: So verheerend es sein kann, wenn wir uns über unsere Misserfolge definieren, so dramatisch kann es sein, wenn wir uns auf unsere Erfolge reduzieren.

Dabei kann es sehr lehrreich sein, uns einmal anzuschauen, welche Haltung Menschen einnehmen, die über einen langen Zeitraum einen Erfolg nach dem anderen erzielen.

Die französische Männer-Handballnationalmannschaft *Les Experts* hat unter ihrem Trainer Claude Onesta (2001 bis 2016) etwas vollbracht, was keiner Handballmannschaft jemals gelungen ist: sechsmal Weltmeister zu werden, dreimal Europameister und zweimal Olympiasieger; die neun internationalen Titel nicht zu vergessen, die sie Anfang der Zweitausenderjahre nacheinander holte. Musiker wie David Bowie oder Prince sind über Jahrzehnte konstant auf dem Höhepunkt ihrer Kunst geblieben und haben regelmäßig die Liste der meistverkauften Alben angeführt.

Ihr Rezept? Sie gehen mit ihren Erfolgen so um, wie wir mit unseren Misserfolgen umgehen sollten: indem sie weitersuchen und sich infrage stellen. Sie lassen sich nie von einer bestimmten Idee oder Vorstellung von sich selbst mit Beschlag belegen. Sie genießen den Erfolg, wohl wissend, dass das Wesentliche woanders liegt. Sie kennen auch die Last der Umstände. Kurzum, sie stellen bis in den Kern des Erfolgs hinein eine »Weisheit des Scheiterns« unter Beweis. Wurden sie durch einen Fehlschlag eines Besseren belehrt? David Bowie zum Beispiel landete mit seinem ersten Album, einer Mischung aus Folk und Schlager, einen Flop. Oder vermögen sie instinktiv einen kühlen Kopf zu bewahren? Spüren sie, dass ein gelungenes Leben nur ein Leben in Bewegung, eine Suche sein kann?

In jedem Fall haben sie ihr Leben lang die Ratschläge von Rudyard Kipling aus seinem Gedicht »If–« beherzigt:

»Wenn du den Kopf bewahrst, da rings die Massen
Längst kopflos sind und geben dir die Schuld; […]
Wenn dich Triumph und Sturz nicht mehr gefährden,
Weil beide du als Schwindler kennst, als Schein;«

Warum sind sie Schwindler? Weil Triumph und Sturz uns gleichermaßen belügen, sobald wir es zulassen, uns darauf zu reduzieren, darüber zu definieren, davon einnehmen zu lassen. Der Sturz belügt uns, wenn er uns glauben macht, dass wir Verlierer sind. Der Erfolg belügt uns, wenn er uns einlädt, ein konjunkturbedingtes Gelingen oder ein gesellschaftliches Image mit dem gleichzusetzen, was wir im Innersten sind. Doch wie sollen wir im Rausch des Erfolgs noch »den Kopf bewahren«? Indem wir niemals aus den Augen verlieren, dass der einzige Erfolg, auf den es wirklich ankommt, das Gelingen unseres menschlichen Abenteuers ist, und die eigentliche Herausforderung darin besteht, bei Erfolg und Misserfolg gleichermaßen menschlich zu bleiben. So endet das Gedicht von Rudyard Kipling mit den Worten:

»Dein ist die Erde dann mit allem Gute,
Und was noch mehr, mein Sohn: Du bist ein Mann!«

Wenn ich hörte, wie Claude Onesta auf Fragen von Journalisten antwortete, hat mich fast jedes Mal der Tonfall seiner Stimme überrascht. Das war immer nach einem großen Sieg – *Les Experts* hatten wieder einen Titel geholt und damit einen neuen Rekord erzielt, die Stimmung war ausgelassen, ja euphorisch. Onesta aber war ruhig und bedächtig, mit einem Anflug von Sorge in den Augen und in der Stimme. Er analysierte den Sieg genauso akribisch, wie wenn es eine Niederlage gewesen wäre. Hätte ich den Fernseher stumm geschaltet, ich hätte nicht sagen können, wie das

Spiel ausgegangen war. Seine Reaktion habe ich erst verstanden, als ich sein Buch *Le règne des affranchis* gelesen habe. Nach jedem Sieg fragt er sich, wie das Spiel erneuert werden kann. Denn um das Topniveau zu halten, darf man nie zweimal hintereinander dieselbe Strategie fahren. Das gilt erst recht für Weltmeister, deren Spiel von allen konkurrierenden Mannschaften unter die Lupe genommen wird. Wie Onesta schreibt: »Der historische Dreifachsieg und das ganze Trara sind mir wurscht. Mir geht es nur um eine Sache, die viel bescheidener und viel komplexer ist: Wie stellt man es an, wieder zu siegen, wenn man weiß, dass die anderen alles daransetzen, dass man scheitert? Dieses Rätsel fasziniert mich auf intellektueller Ebene.« Eine schöne Lektion: Wo andere versucht wären, das »funktionierende Rezept« weiter anzuwenden, ist Claude Onesta sich der zwingenden Notwendigkeit bewusst, weiter Neues zu erfinden. Siegen bedeutet für ihn, wider Erwarten zu siegen, immer einen Schritt voraus zu sein. Wie ein ehemaliger Sportlehrer einmal mit Nachdruck gesagt hat: »Sobald euer Spiel in unantastbaren Prinzipien und Schemata erstarrt, seid ihr tot. Nehmen wir die französische Fußballnationalmannschaft als Beispiel. An die 15 Angriffsarten umfasst unser taktisches Repertoire. Wenn ich auf meine Spieler hören würde, müsste ich die erste, zweite, dritte und vierte Phase aller Optionen planen. Ein solches Schema beruhigt sie. Und es beruhigt auch Trainer, die gerne mit dem Reißbrett arbeiten. Mich nicht. Ich stelle Initiative über System. Der Wiederholung ziehe ich die Intention vor.«

Wem Erfolg gelingt, der misstraut der trunkenen Selbstzufriedenheit und zieht die Freude des Schöpferischen vor, die tiefer und bedachter ist. Das heißt, Erfolg als Einladung wahrzunehmen, wagemutig zu bleiben – »Mut zu bewahren«, wie André Maurois in seiner französischen Übertragung des Gedichts »If–« von Rudyard Kipling formuliert. Zu beherzigen, dass Erfolg verpflichtet, also eine neue Verantwortung mit sich bringt. Der häufige Namenswechsel der französischen Handballnationalmannschaft – erst nannte sie sich *Les Bronzés*, dann *Les Barjots*, dann *Les Costauds* und schließlich *Les Experts* – spiegelt die Methode hinter dem »Gelingen der Erfolge« wider: Misstraue den Etiketten, die dich festlegen, und den Titeln, die dich einlullen; »ändere alles« so oft wie möglich, vor allem wenn »alles« wie am Schnürchen funktioniert.

Als Rafael Nadal 2005 mit 19 Jahren zum ersten Mal die French Open gewann, kam sein Onkel Tony in die Umkleidekabine und wandte sich mit folgenden Worten an ihn: »Du solltest eines wissen: Viele von denen, die hier gewonnen haben, dachten, es wäre das erste Mal, aber es war das letzte Mal.« Nur wenige Minuten nach der Kür seines Zöglings auf dem Hartplatz von Paris war es seinem Trainer wichtig erschienen, ihm zu sagen: Traue diesem Sieg nicht. Er könnte die Krönung gewesen sein, nun liegt es an dir, daraus einen Anfang zu machen – also »bewahre deinen Mut und deinen Kopf, wenn alle anderen längst mut- und kopflos sind«, um den Vers von Rudyard Kipling zu paraphrasieren.

Allem Anschein nach hat Rafael Nadal sich diese Botschaft zu Herzen genommen, denn dieser Titel war nur der erste von neun Titeln, die er im French Open holte. Kein Spieler in der Tennisgeschichte hat jemals neunmal im selben Turnier gesiegt.

»Ein Erwählter ist ein Mensch, den der Finger Gottes gegen eine Wand drückt«, warnt Jean-Paul Sartre in seinem Theaterstück *Der Teufel und der liebe Gott*. Aus dieser genialen Formulierung spricht leidenschaftliche Freiheitsliebe – das ist unverkennbar der Autor von *Der Existentialismus ist ein Humanismus*. Es kommt nicht von ungefähr, dass er Erfolg mit der Gefahr des Erdrücktwerdens, ja der Entfremdung und Freiheitsberaubung verbunden sieht. Sartre hat in seinen Romanen oft Aufsteiger verspottet, die sich hinter ihrer gesellschaftlichen Rolle verbarrikadieren und langsam, aber sicher, je mehr sie sich »arriviert« glauben, zugrunde gehen. Auch aus diesem Grund nahm er 1964 den Literaturnobelpreis nicht an: Er wollte nicht über diesen Preis definiert werden und bis an sein Lebensende und vielleicht noch darüber hinaus dieses Etikett auf der Stirn tragen. Er wollte sich weiter frei ausdrücken können, ohne sich bei seinen Stellungnahmen der Schwedischen Akademie verpflichtet zu fühlen. Er wollte schon nicht Jean-Paul Sartre *sein*, wie konnte er dann zusätzlich Nobelpreisträger *sein*?

Als einige Jahre zuvor, 1957, Albert Camus mit 44 Jahren den Nobelpreis für Literatur erhielt, überkamen ihn die gleichen Bedenken, der gleiche Argwohn gegen den Preis des Erfolgs. Doch seine Reaktion war eine andere.

Zum einen machte er anlässlich der Entgegennahme des Nobelpreises in seiner Rede deutlich, »wie sehr diese Auszeichnung meine persönlichen Verdienste übersteigt [...] dass ich sie als Ehrung all der Menschen annehmen möchte, die in demselben Kampf stehen und deswegen doch keinerlei Lohn empfangen, sondern vielmehr Unglück und Verfolgung erfahren.« Das war schon einmal eine gute Maßnahme, um sich von dem Preis nicht einschränken zu lassen.

Zum anderen war Camus, beflügelt durch diese Ehre, arbeitsamer und schöpferischer denn je und stürzte sich mit neuem Schwung in die Arbeit an seinem »Erziehungsroman« *Le premier homme* (dt. *Der erste Mensch*), wo er auf seine Kindheit in Algerien, die Kriegsqualen und die schwierige Frage der Treue gegenüber den Seinen zurückkommt. Er war sich der Gefahr, dass seine Inspiration durch die übermäßige und so frühzeitige Anerkennung – die in seinen Augen eher André Malraux zustand, einem der Vorbilder seiner Jugend – ausbleiben könnte, sehr bewusst und reagierte mit noch größerem Wagemut. Er nahm die Auszeichnung als Bürde, als Verantwortung entgegen. Als wollte er mit seinem sehr persönlichen und ambitionierten Buch, das manche für sein bestes halten, rückwirkend beweisen, dass er des Preises auch würdig war. In den Monaten nach der Preisverleihung antwortete er Journalisten, die ihn auf diese Anerkennung ansprachen, dass ihn seine laufende Arbeit völlig in Beschlag nehmen würde.

Der Nobelpreis bedeutete für Camus eine Verpflichtung. Wie er in seiner Nobelpreisrede vor der Stockholmer Akademie erklärte: »Darum betrachten die wahren Künstler nichts mit Verachtung; sie fühlen sich verpflichtet zu verstehen, nicht zu richten. Und wenn sie in der Welt Stellung zu beziehen haben, so können sie sich nur für eine Gesellschaft entscheiden, in der nach Nietzsches großem Wort nicht mehr der Richter herrschen wird, sondern der Schaffende.«

Erfolge gelingen, wenn wir sie Mal um Mal als Chance erfahren, unsere Verantwortung als Schaffende wahrzunehmen.

Claude Onesta oder Tony Nadal wissen, wie der Erfolg schmeckt, und auch, was man tun muss, um von dem »Finger des Triumphes« nicht an eine Wand gedrückt zu werden (um im Bild von Sartre zu bleiben). Wenn Onestas einzige Sorge nach einem Sieg – die Frage, wie stellt man es an, wieder zu siegen – erklärtermaßen »eine Sache ist, die viel bescheidener und zugleich viel komplexer ist«, als man denkt, dann weil er weiß, wie schwer es ist, angesichts des Erfolgs demütig zu bleiben. Doch genau das macht die Stärke des Besseren aus: Er stellt sich im Moment des Sieges infrage.

In seiner Autobiografie *Open* erzählt Andre Agassi von Spielen, die er gewann, obwohl er nur mäßig gespielt hatte. Manchmal fand er sich selbst sogar richtig schlecht, obwohl er Weltranglistenbester war. Er erklärt das so: Wer besser als die anderen spielt, spielt nicht automatisch gut. Im Vergleich zu den anderen ist er der Beste. Aber vor ihm selbst, mit seinen Ansprüchen und dem Ziel eines kreativen Tennisspiels vor Augen, das vor allem Spaß machen soll, spielt er nicht gut genug. Was als Arroganz daherkommt, ist genau genommen Demut – die höchste Form von Demut, der übrigens auch der ganze Nadal-Clan verpflichtet ist. Unter den Toptennisspielern nimmt sich Rafael Nadal die meiste Zeit für das Signieren von Autogrammkarten und die Begegnung mit Kindern, die ihn über alles lieben und nur davon träumen, *Rafa* auf einem Stück Papier stehen zu haben, auch wenn es zerknittert ist, bis sie nach Hause kommen.

Steve Jobs beendete seine berühmte Stanford-Rede am 12. Juni 2005 mit einer Aufforderung: »Stay hungry, stay foolish!« – »Bleibt hungrig! Bleibt tollkühn!« Dieses *stay foolish* ließe sich aber auch übersetzen mit »bleibt verrückt« oder sogar »bleibt dumm«. Es gibt keine bessere Möglichkeit, um Erfolge gelingen zu lassen.

Bleibt hungrig: Bewahrt das Nagen dieses Mangels tief in euch – es ist der andere Name für Verlangen.

Bleibt dumm: Wenn Intelligenz darin besteht zu meinen, dass etwas, das einmal funktioniert hat, wieder funktionieren wird, dann seht lieber davon ab. Besser ist es, in diesem Fall »dumm« zu bleiben oder, wie Paul Valéry so schön gesagt hat: »Was muss man nicht alles übersehen, um zu *handeln*!«

Hungrig, verrückt, ständig auf der Suche, ständig dabei, sich neu zu erfinden, bei seinen zahllosen Erfolgen ebenso wie bei seinen Misserfolgen – besser ließe sich David Bowie nicht beschreiben. Zwei Tage vor seinem Tod im Januar 2016 brachte er sein 28. Album heraus, *Blackstar*, mit dem er ganz neue Klangwelten erkundete. Seine Karriere dauerte mehr als 50 Jahre und war eine Reise zwischen den Genres, aber auch zwischen »Identitäten«, mit mehreren Gesichtern. Erst David Robert Jones, dann David Bowie, danach Ziggy Stardust und der Popsänger von »Let's Dance«, dann androgyner Dandy und viriler Mann mit der Bad-Boy-Tolle, dann der blasse Aristokrat von »Station to Station« und der traurige Clown von »Ashes to Ashes«. Bowie, der als Jugendlicher einen Umweg als Mime gegangen war, setzte sich mit dem Glam Rock seiner Kunstfigur Ziggy Stardust durch, bevor er mit der wirkungsvollen, abgedrehten Popmusik von »Let's Dance« einen noch viel größeren Erfolg erzielte. Er beließ es aber nicht bei der glamourösen, apokalyptischen Figur, als die er sich zu erkennen gegeben hatte, sondern probierte wieder etwas anderes aus. Erst dann wurde er wirklich zum Weltstar, der in riesigen Stadien »China Girl«, »Let's Dance« und »Modern Love« sang. Darauf folgten noch viele weitere Häutungen, auch die zum rockigen Sänger von Tin Machine, bevor er sich schließlich modernen Musikrichtungen wie Techno und Drum and Bass zuwandte. Er verkaufte fast 140 Millionen Platten und war obendrein auch noch Maler und Produzent, unter anderem seiner Freunde Iggy Pop und Lou Reed, mit anderen

Worten, ihm »gelangen« auch noch die Erfolge der anderen!

Claude Onesta analysierte Siege, als wären sie Niederlagen. David Bowie erfand sich in bestimmten Momenten neu, als hätte er eine Niederlage erlitten. Tatsächlich erneuerte er sich sowohl bei Erfolgen wie bei Misserfolgen. Er blieb »hungrig« bis zum Schluss.

Prince liebte es, nach großen Konzerten in improvisierten Aftershows in Clubs oder Bars aufzutreten. Alle, die das Glück hatten, auf einem dieser Geheimkonzerte das Genie des »Kid from Minneapolis« live zu sehen, erzählen das Gleiche. Prince wechselte die Instrumente nach Lust und Laune, aufgekratzt durch die Müdigkeit nach dem Abendauftritt, in einem Zustand wilder Freiheit, und wenn ihn ein Fan aufforderte, einen seiner ganz großen Hits zu spielen, nahm er sich immer die Zeit, seine Ablehnung zu begründen: »For those of you expecting to get your ›Purple Rain‹ on, you're in the wrong house [...]. We're not interested in what you know, but what you are willing to learn.« Er wollte sich nicht auf seinen Lorbeeren als gefeierter König der Popmusik ausruhen – und er verlangte das Gleiche von seinem Publikum. Das war seine Art, seine Kunst zu leben. Wie er in dem Song »1999« singt: »We could all die any day/But before I'll let that happen/I'll dance my life away.«

Was unterscheidet David Bowie und Prince von denjenigen, die unentwegt ihr Erfolgsrezept wiederholen, bis sie zur Karikatur ihrer selbst geworden sind? Was unterscheidet einen Schauspieler wie Leonardo DiCaprio, der einen geistig behinderten Jungen in *Gilbert Grape*, einen romantischen Helden in *Romeo und Julia*, einen wahnsinnigen Trader in *The Wolf of Wall Street* oder einen bestialischen Trapper in *The Revenant – Die Rückkehrer* spielt, von jenen Schauspielern, die immer dieselbe Rolle verkörpern? Was unterscheidet einen Autor wie Emmanuel Carrère, der so unterschiedliche Bücher geschrieben hat wie *L'adversaire* (dt. *Amok*), das auf dem authentischen Fall des Mörders Jean-Claude Romand basiert, *D'autres vies que la mienne* (dt. *Alles ist wahr*), in dem der Autor in einer Mischung aus Reportage, Dokumentation und Roman einzelne Schicksale beleuchtet, oder *Le Royaume* (dt. *Das Reich Gottes*), eine Studie über das Christentum, von jenen Autoren, die in regelmäßigen Abständen Bücher herausbringen, in denen es immer um dasselbe geht?

Sie sind lebendiger als die anderen. Sie sind als Künstler am Werk, nicht als Technokraten. Sie schenken uns Lektionen fürs Leben, nicht bloß Momente der Entspannung. Sie zeigen uns das Wesen der Existenz: zu Neuem strebend, auch bei Erfolg wagemutig, erfüllt von sich selbst und von jener Kraft, auf die Nietzsche in *Also sprach Zarathustra* anspielt, wenn er das Leben sprechen lässt: »›Siehe‹, sprach es, ›ich bin das, *was sich immer selber überwinden muss.*‹«

Erfolge gelingen dann, wenn wir begreifen, dass wir sie genauso überwinden müssen wie Misserfolge.

14

DIE FREUDE DER KÄMPFENDEN

> »Es ist keine wahre Freude, wenn sie nicht gleichzeitig durchkreuzt wird: Freude ist paradox, oder es ist keine Freude.« *Clément Rosset*

Ohne Scheitern, ohne Enttäuschungen wüssten wir nichts über die tiefen Befriedigungen des Lebens. Wir ahnen schon: Irgendwie hängt Scheitern mit Freude zusammen. Nicht unbedingt mit Glück, mit Freude aber schon.

Glück ist ein Zustand existenzieller Zufriedenheit, Freude hingegen währt nur einen kurzen, intensiven Augenblick. Glück geht mit Heiterkeit und Gleichmut einher. Freude ist heftiger, punktuell, auch irrational. Wie heißt es so schön, wenn uns dieses Gefühl überwältigt? Dann bin ich »trunken« oder »außer mir« vor Freude. Zu viele Sorgen machen es unmöglich, glücklich zu sein, schließen aber Momente des Jubelns nicht aus.

Diese Freude kann mehrere Formen annehmen, daher schlage ich vor, sie »die Freude der Kämpfenden« zu nennen.

Die Freude des Comeback

Diese Freude ist die offenkundigste: Es ist das befriedigende Gefühl, wenn sich am Ende eines langen Weges mit vielen Misserfolgen und Ernüchterungen endlich Erfolg einstellt. Es ist die besondere Freude, von weither zurückgekommen zu sein. Sie verleiht dem späten Triumph seine besondere Süße.

»Brächt' solcher Sieg mir doch zu wenig Ehre./Ruhmlos ist ein gefahrloser Triumph«, entgegnet der Graf Don Rodrigo in der Tragikomödie *Der Cid* des französischen Dramatikers Pierre Corneille.

Wenn leichte Siege »ruhmlose Triumphe« sind, bereiten sie einem weniger Freude als hart und leidvoll errungene Siege. Die Schwierigkeit einer Eroberung macht ihren Wert aus.

Von nichts anderem erzählen die schönsten Passagen in Andre Agassis Autobiografie *Open*. Von allen Grand-Slam-Turniersiegen bereitete ihm der Titel, den er 1999 bei den French Open holte, bei Weitem die größte Freude. Tatsächlich markierte dieser Sieg sein Comeback, das Ende einer langen Reise in die Hölle einschließlich Depression, Absturz auf der Weltrangliste und Drogenmissbrauch.

Mitte der Neunzigerjahre fiel das »Kid aus Las Vegas«, nachdem es die Gipfel des Welttennis erklommen hatte, in ein tiefes Loch. Was er schon immer geahnt hatte, wurde zur Gewissheit: Er wusste nicht mehr, warum er Tennisspieler geworden war. Fast seine ganze Kindheit hindurch hatte er unter der Aufsicht seines obsessiven Vaters gegen eine Tennisball-Wurfmaschine spielen müssen, die dieser höchstpersönlich bauen ließ! An der Nick Bollettieri Tennis Academy tauschte er dann seinen tyrannischen Vater gegen einen tyrannischen Coach ein. Mit dem Ergebnis, dass er an dem Tag, an dem er zum ersten Mal die Weltrangliste anführte, das war 1995, und er war 25 Jahre alt, rein gar nichts empfand.

Eine seltsame Szene. Agassi bekommt einen Anruf. Er steht jetzt oben auf der Weltrangliste. Die gute Nachricht berührt ihn nicht. Er geht hinaus auf die Straße, läuft herum, ohne sich selbst noch die Welt um ihn wahrzunehmen. Er hat sich sein Leben nicht ausgesucht, sondern nur den Wunsch seines Vaters erfüllt, geht es ihm durch den Kopf. Dieser Sport hat ihn um seine Kindheit gebracht, kein einziges Buch hat er gelesen, und er kann nichts anderes, daran muss er immer wieder denken. Wie betäubt bleibt er mitten auf dem Gehweg stehen: Er mag vielleicht der beste Tennisspieler der Welt sein, doch insgeheim hasst er Tennis. Ungefähr zur selben Zeit entdeckt er das wahre Gesicht seiner Ehefrau Brooke Shields, Schauspielerin und Model. Eine selbstsüchtige und oberflächliche Person, wie er in *Open* andeutet. Sie sind frisch verheiratet, sehen sich aber kaum. Er bleibt abends lieber zu Hause, sie liebt mondäne Partys über alles, bringt oft vor wichtigen Endspielen frühmorgens Freunde mit nach Hause, stellt ihm nie Fragen zu den Spielen. Er hat zu nichts mehr Lust, lässt sich scheiden, hört mit dem Training auf und geht langsam vor die Hunde. Er wird dick, nimmt Drogen, verliert so gut wie alle Spiele und landet auf Platz 300 der Weltrangliste. Der Tennisprofi von früher ist nicht wiederzuerkennen, und weil er wegen seines Drogenkonsums positiv auf Doping getestet wird, riskiert er sogar, seine Titel zu verlieren, die er alle ohne Doping geholt hat. Er ist drauf und dran, die Tenniskarriere an den Nagel zu hängen, als die Tochter seines besten Freundes Gil von einem Auto erfasst wird. Das Mädchen schwebt zwischen Leben und Tod. Er ist schockiert, fährt nach einer drogenreichen Nacht ins Krankenhaus. Als er Gil im Flur erblickt, wie er leichenblass dasitzt, wird er von einer Woge der Liebe überrollt. Für seinen Freund, für dessen Tochter, für das Leben. Es ist wie eine Offenbarung. Er sagt sich, dass das Leben dazu gemacht ist, den Menschen, die einem wichtig sind, Liebe zu schenken. Gils Tochter überlebt, und Agassi lebt auf. Er beschließt, wieder Tennis zu spielen, doch jetzt weiß er, warum. Agassi, der immer darunter gelitten hatte, keine geistige Bildung genossen zu haben, will eine Stiftung für benachteiligte Kinder gründen. Um sie zu finanzieren, muss er wieder Weltranglistenbester werden. Wenn Tennis das Projekt trägt, dann will er es lieben. Aber der Weg dahin ist lang. Er ist schwerfällig, sein Spiel zu träge, er muss sich seinen Platz zurückerobern. Um wieder aufzusteigen, nimmt er an Challenger-Turnieren teil, bei denen nur wenige Dutzend Leute zuschauen. Er ist der Beste gewesen, jetzt hinkt er fünf Jahre hinterher und wird von seinen früheren Neidern ausgelacht. Keiner glaubt mehr an ihn, außer Brad Gilbert, der einwilligt, ihn zu trainieren, und dem er den Spitznamen »der Prophet« gibt. Ganz langsam steigt er wieder auf, findet zu seinen Empfindungen, zu seinem Körper zurück, trainiert stundenlang und joggt. Er leidet, es ist härter als erwartet. Aber er bleibt dran. Er erfüllt nicht mehr den Traum seines Vaters noch die finanziellen Interessen der Nick Bollettieri Tennis Academy, sondern folgt seinem eigenen Wunsch. Er will etwas Gutes tun. Und Steffi Graf für sich gewinnen, in die er sich auf den ersten Blick verliebt hat, auch wenn sie nicht frei ist. Lange Monate der Rückeroberung liegen vor ihm. Schließlich gewinnt er einige kleinere Titel und findet sich 1999, nach einer Reihe hochkarätiger Spiele, im Finale der French Open wieder. Er gewinnt gegen Andrij Medwedjew, und dann ist zu lesen: »Ich lasse den Schläger fallen und reiße die Arme hoch. Ich schluchze. [...] Es macht mir Angst, wie gut sich das anfühlt. Gewinnen sollte eigentlich nie so ein irres Gefühl sein. Gewinnen sollte doch gar nicht so wichtig sein. Aber das ist es, und wie – und ich kann nichts dagegen tun. Ich bin überglücklich und der ganzen Welt dankbar – Brad, Gil, Paris –, selbst Brooke und Nick. Ohne Nick wäre ich nicht hier. Ohne all die Höhen und Tiefen mit Brooke, selbst ohne die quälenden letzten Tage mit ihr, wäre dies nicht möglich gewesen. Sogar mir selbst bin ich ein bisschen dankbar für all die guten und schlechten Entscheidungen, die mich hierher geführt haben.«

Seine Freude ist so groß, weil es ein weiter Weg war. Einfache Erfolge entfalten keine tiefe Wirkung; sie scheinen unwirklich, gehen an uns vorbei. In seinem Gefühlsausbruch bei den French Open im Juni 1999 stecken sein ganzes Leid und seine ganze Vergangenheit, alle »Höhen und Tiefen«, alle »guten und schlechten Entscheidungen« – und alle Fehlschläge. Man kann Fehlschläge eigentlich nur lieben, denn letztendlich vertiefen sie die Freude.

Andre Agassi fährt fort: »Ich gehe vom Platz, verteile Luftküsse in alle vier Richtungen – die herzlichste Geste, die ich mir im Moment vorstellen kann –, um die Dankbarkeit auszudrücken, die mich durchströmt, und sie kommt mir vor wie die Quelle aller anderen Gefühle. Ich schwöre mir, dass ich das von nun an beim Verlassen eines Tennisplatzes immer tun werde, gleichgültig, ob ich verliere oder gewinne. Ich werde Luftküsse in alle vier Himmelsrichtungen werfen und mich so bei allen bedanken.«

Wie Henri Bergson in *Die seelische Energie* schreibt: »Die Freude hingegen zeugt stets dafür, dass das Leben sich durchgesetzt hat, dass es Boden gewonnen hat, dass es einen Sieg errungen hat: Jede große Freude hat einen triumphierenden Klang.«

Andre Agassi und seine besten Freunde feiern den Triumph die ganze Nacht in einem kleinen italienischen Restaurant mitten in Paris; John McEnroe ist auch dabei. Björn Borg ruft ihn auf dem Handy von McEnroe an, um ihm zu sagen, dass es der schönste Sieg in der Tennisgeschichte ist.

Er fährt fort: »Die Sonne geht schon auf, als Brad und ich zum Hotel zurückkehren. Er legt den Arm um mich und sagt: Die Reise hat auf die richtige Weise geendet.

Wieso?

Er sagt: Normalerweise endet die Reise im Leben auf die verdammt falsche Weise. Aber diesmal war es die richtige Weise.

Ich lege Brad einen Arm um die Schultern. Das ist eins der wenigen Dinge, die der Prophet den ganzen Monat über völlig falsch verstanden hat. Die Reise fängt gerade erst an.«

Der Titel bei den French Open markiert tatsächlich Agassis dauerhaftes Comeback im Spitzentennis. Er wird wieder Weltranglistenbester (mit 33 Jahren, was seitdem niemand dieses Alters geschafft hat) und steckt sein Geld in die Gründung der Andre Agassi Foundation.

Dieses Comeback, die Rückkehr des Tennisprofis Andre Agassi, lässt mich an den Twist tanzenden John Travolta in Quentin Tarantinos Film *Pulp Fiction* denken.

Als Tarantino in Erwägung zog, den Filmstar aus *Grease* und *Saturday Night Fever* ins Boot zu holen, hatte der Schauspieler eine lange Durststrecke hinter sich. Die Discozeit lag schon lange zurück. In den Achtzigerjahren waren mehrere seiner Filme kommerzielle Flops gewesen und ernteten harsche Kritik. Zwar erzielte er von den frühen Achtzigern bis Mitte der Neunziger immer wieder Erfolge, doch es waren Komödien, die seinem Talent unwürdig waren, man denke an *Kuck mal, wer da spricht!* Als sich Quentin Tarantino 1994 John Travolta holt, haftet ihm das Etikett des »has been« an. Niemand will dem aufgedunsenen Tänzer und Symbol einer vergangenen Epoche eine interessante Rolle anbieten. Außer Quentin Tarantino, aber nicht nur das, er spielt auch mit seinem Etikett des »has been« Disco-King. In der Kultszene, in der John Travolta mit Uma Thurman tanzt, hat er die müde Schönheit derer, die ihr Leben hinter sich haben. Und dennoch, trotz Bauchansatz und gealterter Gesichtszüge strahlt er in seiner ganzen Art, sich zu bewegen, eine sanftmütige Eleganz und Menschlichkeit aus, die ganz großartig ist. Ohne die Jahre, in denen es mit ihm kontinuierlich bergab ging, hätte er niemals so tanzen können. So, wie die früheren Misserfolge der Grund für Andre Agassis Freude über seinen Sieg bei den French Open 1999 sind, erzählt die Anmut des Tänzers John Travolta in *Pulp Fiction* von seinen Loser-Jahren.

Pulp Fiction gewinnt in Cannes die Goldene Palme und bringt John Travolta eine Oscarnominierung ein. Der Film markiert für ihn einen Karriereneustart, und er ist fortan wieder einer der meistgefragtesten Schauspieler weltweit. Seine späteren Erfolge, etwa *Face/Off – Im Körper des Feindes* oder *The Thin Red Line – Der schmale Grat* haben einen besonderen Flair, den sie niemals gehabt hätten, wenn John Travolta nur ein Gewinner unter anderen gewesen wäre.

Die Lebensfreude

Die Freude der Kämpfenden kann auch die banale, alltägliche Form der Lebensfreude annehmen. Wer durch harte Prüfungen gegangen ist, weiß die kleinen Freuden des Lebens zu schätzen.

Wie oft haben Musiker, die mit Barbara im Studio zusammengearbeitet haben, ihr Erstaunen darüber gezeigt, wie gut gelaunt und unkompliziert sie war. Sie kannten ihre Geschichte, ihre Chansons, wussten von ihrer schweren Kindheit und den harten Jahren und stellten sich eine angespannte, ernste Frau vor. Barbara überraschte sie mit ihrer Heiterkeit. Sie liebte gutes Essen und scherzte gerne. Auf Tourneen und bei Fahrten lachte sie bei jeder sich bietenden Gelegenheit.

Lebensfreude ist nicht die Freude, entsprechend diesem oder jenem Kriterium zu leben und Anerkennung zu ernten oder ein bestimmtes Gehaltsniveau zu erreichen. Lebensfreude ist schlicht und ergreifend Lebensfreude: Sie genügt sich selbst. Wir müssen ab und an scheitern, um an die Schwelle eben jener Wahrheit der Freude zu gelangen, die der Philosoph Clément Rosset in seinem Buch *La force majeure* so schön zusammenfasst: »Es gibt kein sichereres Zeichen der Freude, als eins zu sein mit der Lebensfreude.«

Ich bin einigen Unternehmern begegnet, deren Haltung ich sehr beeindruckend fand: ihre Gelassenheit in Momenten großer Spannung oder schwieriger Entscheidungen; die spielerische Art, wie sie ihre Aufgabe meisterten. Diese Unternehmer hatten alle schon einmal eine Pleite erlebt oder ein Konkursverfahren durchlaufen. Das, was sie durchgemacht hatten, gab ihnen die Kraft, die Dinge zu relativieren. Dafür gibt es genauso viele andere Nichtgescheiterte, die ihren Alltag als etwas Furchterregendes und Erdrückendes erleben und ziemlich garstig zu ihren Mitarbeitern sein können. Sonst verleihen Niederlagen unseren späteren Erfolgen nicht nur eine besondere Würze, sie bewirken auch, dass wir das Verstreichen der Tage und die Ruhe nach dem Sturm anders schätzen lernen.

»In einem Wald spazieren zwischen einem Spalier von Farnen, die der Herbst verklärt, das ist ein *Triumph.* Gerühmt, bejubelt werden – was ist das im Vergleich?« E.M. Ciorans konzise Formulierung ist genial. Welch größeren Triumph kann es in der Tat geben, als sich in die Schönheit der Natur zu versenken und sich in der Welt lebendig zu fühlen? Dieser Triumph ist umso mächtiger, wenn wir Schlimmes durchgemacht haben. Vielleicht ist er sogar nur für Menschen zugänglich, die Schlimmes durchgemacht haben.

Die Freude im Unglück

Wie soll man die Freude beschreiben, die wir mitten im Unglück empfinden, wenn wir, aus uns selbst heraus, die Energie und die Mittel aufbringen müssen, um wieder auf die Beine zu kommen oder einfach nur durchzuhalten? Diese Freude ist mit dem *élan vital* verwandt, der Lebensschwungkraft, und sie braucht die Schwierigkeit, um sich entfalten zu können. Es ist die Freude der Kämpfenden in ihrer reinsten Form: Freude im Unglück.

Eine seltsame Freude, könnte man meinen, die nur angesichts einer Bedrohung zu spüren ist. Aber es ist mit Sicherheit die stärkste, die reinste Form der Freude: jene, die wir der Rauheit des Daseins und der Brutalität der Welt als Antwort, als Reaktion entgegenschleudern.

Wenn wir begreifen, was das Wesen der Freude im Unglück ausmacht, können wir auch begreifen, was Freude vom Glück unterscheidet. Wenn wir glücklich und zufrieden sind, wird der über unserem Glück schwebende Schatten dieses nicht größer machen – im Gegenteil. Unsere Freude dagegen erlangt ihre höchste Intensität, ja ihre Wahrheit, wohl erst dann, wenn sie bedroht ist.

Ray Charles vermochte selbst dann noch Freude zu empfinden, als er seinen Bruder, sein Augenlicht und seine Mutter verloren hatte. Das ist die Freude im Unglück.

Wie Winston Churchill erklärte: »Erfolg ist die Fähigkeit, von einem Misserfolg zum anderen zu gehen, ohne seine Begeisterung zu verlieren.« Diese Begeisterung vermittelt eine ziemlich genaue Vorstellung von der Freude im Unglück.

Mit dieser Freude im Herzen brach Charles de Gaulle im Juni 1940 nach London auf.

Mit dieser Freude in den Augen arbeitete Thomas Edison viele Nächte durch, um die Glühbirne zum Leuchten zu bringen.

Mit dieser Freude im Körper fällt der Judoka zu Boden und spürt gleichzeitig, dass er nicht auf der Matte liegen bleiben wird.

Mit dieser Freude in der Schulter holt der Boxer, der heftige Schläge einkassiert hat, mit der Rechten zum Gegenschlag aus.

Auch uns erfüllt diese Freude, wenn ein Fehlschlag uns Mut gibt oder die zurückgekehrte Lebenskraft unsere Niedergeschlagenheit wegfegt.

Die Freude des Homo progrediens

Mit der Freude, uns dem Unglück zu stellen, entwickeln wir auch unsere Begabungen oder Kompetenzen weiter. Eine der größten Freuden im Leben ist, sich fortzuentwickeln und die Gelegenheiten wahrzunehmen, die das Leben bietet, um »seine Kraft zu aktualisieren«, wie schon Aristoteles dargelegt hat. Die antiken Philosophen verwendeten den schönen Begriff *progrediens*, um einen noch unvollkommenen Menschen zu beschreiben, der sich Tag für Tag ein bisschen verbessert. Ein *Homo progrediens* zu sein, der auf seinem Weg vorankommt, ist das Lebensziel.

Dabei gibt es bestimmte Fähigkeiten, die wir nur entwickeln können, wenn wir scheitern oder die Wirklichkeit uns Widerstand bietet.

Leonardo da Vinci brauchte Jahre, um ein Gemälde fertigzustellen. Nicht weniger als 15 Jahre lang arbeitete er an seinem Bild *Anna selbdritt*, das er unvollendet hinterließ. Man muss ihn sich vorstellen, wie er all die Jahre unermüdlich an seinem Meisterwerk weiterarbeitete: retuschierte, abglich, anglich, verfeinerte. Wie er zweifelte, haderte, auch vor seinen Schülern, wie er ans Aufgeben dachte, aber sich wieder fing und von schöpferischem Furor gepackt wurde.

In der Reibung mit seinem Bild empfand er die Freude des *Homo progrediens*, die nicht gleichzusetzen ist mit Glück. Wer niemals scheitert, keine Angst vor dem Aufgeben hat, der kann es niemals so weit bringen – und seine Freude wäre viel geringer.

»Freude ist der Übergang des Menschen von geringerer zu größerer Vollkommenheit«, schreibt Spinoza auf erhellende Weise. Auch deshalb finden wir manchmal die Kraft, im Moment des Scheiterns weiterzukämpfen: Indem wir uns selbst die Chance geben, die Welt besser zu verstehen oder unsere Begabungen weiterzuentwickeln, ermöglichen sie uns, innerlich zu wachsen, jenen »Übergang von geringerer zu größerer Vollkommenheit«.

Nun wird auch verständlicher, was J. K. Rowling half durchzuhalten, als sie ohne Geld, ohne Wohnung, zermürbt vom Gefühl des Scheiterns die Abenteuer von Harry Potter zu Papier brachte. Ihre Freude war eine doppelte Freude: die Freude im Unglück, nämlich in sich selbst die Kraft zu finden, gegen alle Widerstände weiterzumachen, und die Freude des *Homo progrediens*, nämlich zu lernen, eine Geschichte zu konstruieren, Figuren zu entwickeln und sie stimmig weiterzuspinnen, ein ganzes Universum zu erfinden.

Auch sie muss man sich in dem Pub mit roter Holzfassade über einem Blatt Papier gebeugt vorstellen. Die Realität ihrer Niederlagen hatte ihr gezeigt, dass sie fähig war, in der Reibung mit dem Unglück Freude zu empfinden. Und die Freude des *Homo progrediens* heilte langsam, aber sicher ihre Wunden.

Schließlich geben Niederlagen uns die Möglichkeit, die radikalste und vielleicht »verrückteste« Form der Freude zu entdecken: die Bejahung von allem, was ist. In diesem Fall ringt der Kämpfende nicht mehr. Aber seine Entsagung, die nichts »Kämpferisches« hat, ist eine Bekräftigung und starke Zustimmung.

Für die Stoiker, die ersten Christen oder die meisten großen Mystiker wird wahre Freude nur in der Entsagung, im Verzicht erfahren. Wir müssen lernen, uns von dem loszusagen, was uns oberflächlich glücklich macht – kleine Erfolge, gesellschaftliche Anerkennung, Macht –, um das Wesentliche zu berühren: die kosmische Energie bei den Stoikern, Gott bei den Christen und das Nichtbenannte bei den Mystikern. Dic Schwierigkeiten des Lebens können uns bis an die Schwelle der Entsagung führen und ermöglichen eine Begegnung mit dem Wesentlichen. Hier grenzen radikales Scheitern und absoluter Erfolg aneinander: Das ist die mystische Freude.

In seinem Buch *La force majeure* bringt Clément Rosset diese paradoxe Freude zur Sprache: »Ein anderes frappierendes Beispiel für diese widersprüchliche Euphorie findet sich in einer Kindheitserinnerung von Jules Michelet: ›Ich erinnere mich. In diesem vollendeten Unglück voller Entbehrungen, Zukunftsängste, der Feind keine zwei Schritte entfernt (1814!), von den eigenen Feinden tagein, tagaus zum Gespött gemacht, wie eines Tages, es war ein Donnerstagmorgen, ich kauerte auf dem Stuhl, ohne Feuer (der Schnee bedeckte alles), ohne recht zu wissen, ob das Brot am Abend käme, für mich schien alles zu Ende zu sein – in mir ein rein stoisches Gefühl aufstieg; und ich schlug mit der Hand, die Haut aufgeplatzt vor Kälte, auf meinen Eichentisch (den ich bis heute besitze) und spürte eine Freude, die vor Jugendlichkeit und Zukunft nur so strotzte.‹ Solche Texte erinnern uns daran, dass die Freude, ähnlich wie die Rose, von der Angelus Silesius in seinem *Cherubinischen Wandersmann* spricht, zuweilen auf jedwede Daseinsberechtigung verzichten kann. Sie legen nahe, dass die Essenz der Freude noch am ehesten in den abwegigsten Situationen, in Abwesenheit eines vernünftigen Grundes zur Freude, zu greifen ist.«

Nichts eignet sich besser als unsere Niederlagen, um uns in eine dieser »abwegigen Situationen« zu bringen, in denen die »Abwesenheit eines vernünftigen Grundes zur Freude« uns endlich erlaubt, das Wesen der Freude zu begreifen.

Manch einer wird diese Vorstellung für übertrieben halten. Doch darin verbirgt sich – symbolisiert durch den Schlag der Hand auf den Eichentisch – der Gedanke, dass der Mensch erst in Berührung mit der Wirklichkeit Freude empfindet. Wer fröhlich ist, nimmt die Wirklichkeit wahr und vermag in ihr etwas zu finden, das er lieben kann: den Körper des anderen in der Liebe, Sonnenstrahlen auf meinem Gesicht, meine Muskeln, die sich aufbauen, wenn ich trainiere, auch wenn ich in einer Gefängniszelle sitze.

Die Mystiker, die wir erwähnten, haben auf alles verzichtet, und doch ist ihnen das Wesentliche geblieben: die Wirklichkeit, durchdrungen von der Energie des Kosmos für die einen und von der Liebe Gottes oder von der Kraft des Lebens für die anderen.

***

»Die Freude reibt sich immer an der Wirklichkeit; die Traurigkeit aber, und darin liegt ihr ureigenes Unglück, schlägt sich unentwegt mit dem Schein herum«, erklärt Clément Rosset zu Recht.

Wir müssen kein Mystiker sein, um der Wirklichkeit zu begegnen, wenn wir die Freude der Kämpfenden empfinden. Das kann ein später Triumph sein (der uns die Freude des Comeback bereitet), einfach unser In-der-Welt-Sein (das uns mit Lebensfreude erfüllt), unsere Fähigkeit, Schicksalsprüfungen zu überstehen (die uns die Freude im Unglück bereitet), oder die Fortschritte, die wir tatsächlich machen (die uns die Freude des *Homo progrediens* entdecken lassen).

Freude und Scheitern schließen sich gegenseitig nicht aus, im Gegenteil, sie sind, philosophisch gesprochen, miteinander verbunden: als Wirklichkeitserfahrungen. Damit wird auch besser verständlich, warum unsere Niederlagen nicht zwangsläufig gleichbedeutend sein müssen mit Traurigkeit, sondern uns helfen können, wieder Fuß zu fassen und den Weg der Freude einzuschlagen.

15

DER MENSCH, DAS VERSAGENDE TIER

»Der Mensch ist das einzige Lebewesen, dessen Handeln nicht sicher ist, das zögert und tastet, das Pläne macht mit der Hoffnung auf Gelingen und mit der Furcht vor dem Misslingen.«
Henri Bergson

Damit sind wir an einem Punkt unserer Überlegungen angelangt, an dem uns vielleicht ein Zweifel beschleicht: Räumen wir dem Scheitern nicht einen zu großen Platz ein? Gibt es nicht auch Arten des Scheiterns, die uns nichts lehren? Und Arten des Scheiterns, von denen wir uns nicht wieder erholen?

Um diese Fragen beantworten zu können, müssen wir einen Exkurs über die Anthropologie machen.

»Können Sie sich eine Spinne vorstellen, die unfähig ist, ihr Netz zu spinnen?«, fragte Michel Serres hintersinnig anlässlich eines Vortrags ins Publikum. Eine Spinne kann gar nicht scheitern, denn sie gehorcht ihrem Instinkt und folgt nichts anderem als ihrem natürlichen Code. Ebenso wenig können sich Bienen bei der Übertragung von Informationen irren. Ihre Signale werden eindeutig ausgesandt und eindeutig empfangen – es gibt keine Missverständnisse bei den Bienen. »Tiere können nicht scheitern«, schlussfolgert der Philosoph. Doch das gilt nicht für uns Menschen. Nicht immer verstehen wir einander, und kaum einer von uns dürfte fähig sein, im Wald einen Unterschlupf zu bauen. Dafür haben wir die Literatur und die Baukunst erfunden.

Was für die Gattung Mensch insgesamt festgestellt werden kann, trifft auch auf den Einzelnen zu: Je mehr wir scheitern, desto mehr lernen und entdecken wir. Weil unsere natürlichen Instinkte nicht stark genug sind, um uns vorzugeben, wie wir uns verhalten sollen, machen wir einen Versuch nach dem anderen, stellen Überlegungen an, entwickeln Know-how, erfinden, schreiten fort. Für einen kleinen Menschen sind die Dinge weniger einfach als für ein junges Tier, doch gerade diese Schwierigkeit unterscheidet uns von ihnen. Wir sind weniger von unserem natürlichen Code vorbestimmt und begegnen daher auch mehr Hindernissen, kommen aber, wenn wir sie überwinden, im Leben weiter, als wenn es sie nicht gegeben hätte.

Stellen Sie sich ein Neugeborenes und ein Fohlen am Tag nach ihrer Geburt vor. Das Neugeborene kann weder sprechen noch gehen. Bevor es einen Fuß vor den anderen setzen kann, wird es im Schnitt zweitausendmal fallen – das sind zweitausend Niederlagen vor dem ersten Erfolg.

Das Fohlen hat diesen langen Leidensweg nicht vor sich. Kaum aus dem Bauch seiner Mutter heraus, faltet es seine Beine auseinander, stellt sich auf und beginnt, manchmal schon binnen weniger Minuten, zu laufen – aus Sicht der Ethnologen der Beweis dafür, dass das Fohlen zum richtigen Zeitpunkt geboren wurde. Die Natur hat ihr Werk an ihm vollbracht. Es muss jetzt nur noch seinem Instinkt folgen.

Das Neugeborene hingegen scheint zu früh, unfertig auf die Welt zu kommen. Es muss diesen anfänglichen Mangel kompensieren. Dieser Gedanke ist nicht neu. Schon die griechischen Philosophen waren der Ansicht, dass der Mensch von der Natur »vernachlässigt« worden sei. Sie betrachteten die Kultur als eine indirekte Folge dieser Nachlässigkeit der Natur. Diese Annahme zieht sich durch die gesamte Philosophiegeschichte. 1796 fasste Johann Gottlieb Fichte zusammen: »Kurz alle Tiere sind vollendet und fertig, der Mensch ist nur angedeutet und entworfen. […] Die Natur hat alle ihre Werke vollendet, nur von dem Menschen zog sie die Hand ab, und übergab ihn gerade dadurch an sich selbst.«

Der von der Natur vernachlässigte, unfertige kleine Mensch muss aus seinen Fehlschlägen lernen, um sich weiterzuentwickeln. Mehr noch, er muss auch aus den Fehlschlägen seiner Ahnen lernen – was Zivilisation eigentlich ausmacht. In den ersten drei Monaten wird das Baby einen außerordentlichen Weg zurücklegen. Das Fohlen nicht. Der kleine Mensch wird zehn bis 15 Monate brauchen, bis er gehen kann, aber am Ende fährt er Auto und steuert Flugzeuge.

Jean-Jacques Rousseau zufolge macht die »Perfektibilität« – ein Ideal der Aufklärung, manchmal auch Vervollkommnungsfähigkeit genannt – das Besondere des Menschen aus: Befreit von der Unterwerfung unter den Instinkt, kann sich der Mensch stetig weiterentwickeln, indem er seine Irrtümer korrigiert. Rousseau beschreibt Perfektibilität als »eine Fähigkeit, die mithilfe der Umstände nacheinander alle anderen Fähigkeiten entwickelt und die uns ebenso als Gattung wie als Individuen innewohnt; wohingegen ein Tier nach einigen Monaten das ist, was es sein ganzes Leben lang sein wird, und seine Gattung nach tausend Jahren das, was sie im ersten dieser tausend Jahre war.«

Zu leben verstehen, bedeutet für uns menschliche Tiere zu scheitern verstehen und aus den eigenen wie den Fehlschlägen unserer Gattung zu lernen. Der Iltis lernt, wo er die Ratte fassen muss, damit sie ihn nicht noch einmal beißt, der Fuchs, welche Beeren er meiden muss, um nicht wieder krank zu werden. Diese Lehren fallen gegenüber dem Instinktwissen jedoch kaum ins Gewicht. Aber vor allem können Tiere Erlerntes nicht an die kommenden Generationen weitergeben.

Zu Beginn des 20. Jahrhunderts wurde die Hypothese von dem bei der Geburt »unfertigen« menschlichen Tier zum ersten Mal wissenschaftlich bestätigt. 1926 entwickelte der niederländische Biologe Louis Bolk die Fötalisationstheorie, wonach der Mensch eine »Frühgeburt« ist, und prägte dafür den Begriff »Neotonie«. In Fortsetzung seiner Arbeiten verglichen Zoologen die Entwicklung des menschlichen Embryos mit den Embryos der Primaten (Schimpansen, Gorillas, Orang-Utans) und kamen zu der Einschätzung, dass die menschliche Schwangerschaft nicht neun, sondern 21 Monate dauern müsste. Embryologen wiederum kamen zu dem Schluss, dass die Zellen des menschlichen Fötus 18 Monate bräuchten, um zur Reife zu gelangen. Demnach fehlen dem menschlichen Fötus zu seiner Vollendung zwischen neun und 13 Monaten: Das Versagen der Natur ist damit »amtlich«.

Weil wir zu früh auf die Welt kommen, müssen wir aus unseren tastenden Versuchen und Irrtümern lernen. Mehr noch: Wir sind nicht bloß Lebewesen, die scheitern und aus den eigenen Irrtümern und denen ihrer Artgenossen lernen. Wir sind missglückte, zu früh geborene, unvollkommene Tiere. Doch dieses Scheitern der Natur in uns ist wie ein loderndes Feuer und die Triebkraft unseres Fortschritts.

Sigmund Freud etwa sieht in dieser »Frühgeburt«, die vermutlich dem Umstand zu verdanken ist, dass der Mensch sich aufrichtete, den Ursprung unserer Fähigkeit, uns zu moralischen Wesen zu entwickeln. Wie er in dem »Entwurf einer Psychologie« aus dem Jahr 1895 ausführt: »[…] und die anfängliche Hilflosigkeit eines Menschen ist die Urquelle aller moralischen Motive.« Wie könnten wir uns beim Anblick eines so zerbrechlichen Neugeborenen nicht verantwortlich fühlen, fragt Freud. Wir können uns in der Verpflichtung, es zu beschützen, nur erhöhen. Wir werden zu moralischen Wesen, um das Versagen der Natur zu kompensieren. Aus demselben Grund werden wir zu sozialen Wesen: um die Abhängigkeit des Neugeborenen zu kompensieren. Freud zufolge liegt den zwischenmenschlichen und familiären Beziehungen die kindliche Hilflosigkeit infolge vorzeitiger Geburt zugrunde, deshalb sind sie auch so wichtig.

Das Scheitern der Natur in uns macht folglich unsere Größe aus. Der Mensch wurde an dem Tag zum Menschen, an dem er sich weigerte, ein schwaches Wesen sterben zu lassen, und er stehen blieb, um einen Greis zu stützen. Seine Menschwerdung hängt mit seiner Weigerung zusammen, sich den Evolutionsgesetzen zu unterwerfen: In unserer Kultur haben auch Schwache das Recht zu überleben.

Jeder von uns wiederholt während der Kindheit, was sich im Laufe der Evolutionsgeschichte unserer Gattung abgespielt hat: Wir wachsen, indem wir auf unsere natürliche Aggression verzichten. Schon in früher Kindheit verinnerlichen wir die großen Verbote unserer Kultur: Wir verbieten uns, unsere asozialen und Aggressions- und Sexualtriebe auszuleben. Freud nennt diesen Prozess »Verdrängung«. Mittels Verdrängung – wodurch wir uns selbst zivilisieren – verwandelt sich unsere natürliche Aggression in eine Energie, Libido genannt, die wir anderweitig einsetzen: in Arbeit, Lernbegierde, Kreativität. Wir verleihen ihr eine neue Gestalt in unseren Kunst- und Kulturwerken. Wir »sublimieren« sie, wie Freud sagen würde. Letztlich ist es gut so, dass unsere natürlichen Triebe ihr Ziel nicht erreichen. Auf diese Weise werden wir kreativ, zivilisiert, zu Menschen im eigentlichen Sinne.

Weil wir missglückte Tiere sind, sind wir zur Sublimierung fähig.

Weil wir zur Sublimierung fähig sind, sind wir versagende Tiere, die sich jedoch wieder aufrichten, ihre Fehlschläge analysieren und sich fortentwickeln.

Jedes Mal, wenn wir am Sinn und Zweck unserer Fehlschläge zweifeln, uns verletzt oder erniedrigt fühlen, sollten wir uns daran erinnern, was unser Menschsein ausmacht: Wir unterscheiden uns deswegen von den Tieren, weil wir aus dem Scheitern Stärke entwickeln. Aus all unserem Scheitern.

Aus dem Scheitern der Natur in uns, den unfertig Geborenen.

Aus dem Scheitern unseres Aggressionstriebes, den wir sublimieren.

Aus den Momenten des Scheiterns in unseren Vorhaben, aus denen wir viel lernen, obwohl uns das meistens nicht bewusst ist.

Warum wir versagende und zugleich missglückte Tiere sind? Wir sind frei. Zur Veranschaulichung dieses Sachverhalts entwickelte Descartes die vielfach falsch verstandene Theorie der »Tiere als Maschinen«. Man müsse sich die Tiere als Maschinen vorstellen, um die Funktionsweise ihres Körpers zu begreifen, legt er im Brief an den Marquis de Newcastle vom 23. November 1646 dar. Wenn wir uns das Herz des Pferdes als Pumpe und seine Adern als Treibriemen vorstellen, können wir erklären, wie ein Pferd »funktioniert«. Descartes' Vergleich der Tiere mit Maschinen hat ihm den Vorwurf eingebracht, den Tieren abzusprechen, dass sie leiden. Dabei wusste der Autor der *Meditationes de prima philosophia* durchaus, dass Tiere Schmerz empfinden. Er wollte mit seiner Theorie aber auf etwas anderes hinaus: Die Aktionen und Reaktionen der Tiere gehorchen in so vollkommener Weise dem Code des Instinkts, dass sie wie automatisch, wie maschinell erscheinen. Durch die Gegenüberstellung wollte er deutlich machen, wie sehr unser menschliches Verhalten sich davon unterscheidet. Wir »funktionieren« nicht wie Maschinen, und das ist gut so! Wenn Tiere funktionierende Maschinen wären, wären wir Menschen eher dysfunktionale Maschinen. Wir sind zu frei und zu komplex, um wie Maschinen zu funktionieren. Wir zögern, zweifeln, taumeln, fallen Ängsten anheim. Kein Tier ist dazu fähig, eine Sache und zugleich ihr Gegenteil zu wollen, so wie wir. Dass es uns manchmal nicht gelingt, uns selbst zu begreifen, liegt daran, dass wir Sprache nicht bloß verwenden, um Botschaften zu übermitteln oder Signale abzusondern. Mensch sein heißt, daran scheitern, eine Maschine zu sein. Das ist es, was Descartes eigentlich sagen wollte, und das ist ein sehr schöner Gedanke.

Wir sind missglückte Tiere und nicht funktionierende

Maschinen. Davon zeugen unsere Fehlschläge. So gesehen, bestätigen sie jedes Mal aufs Neue, wie frei wir sind, selbst wenn sie uns zu zermürben drohen.

Auch was unser Verhältnis zu unserem Verlangen betrifft, sind wir mit Erfahrungen des Scheiterns konfrontiert: Wir verspüren einen Mangel in uns, den wir unmöglich kompensieren können.

Die anderen Tiere – die »geglückten« – haben lediglich Bedürfnisse. Sind diese befriedigt, fehlt ihnen nichts mehr. Für uns gilt das nicht: Wenn alle Primärbedürfnisse abgedeckt sind, verspüren wir immer noch ein Verlangen in uns, fehlt uns etwas. Unser Verlangen ist unersättlich. Kaum dass ein Verlangen erfüllt ist, verspüren wir schon das nächste. Dabei erschien uns dieses eine Objekt unserer Begierde wie der Gral. Doch kaum dass wir ihn gefunden haben, taucht er an einer anderen Stelle wieder auf. Als haftete den Objekten unserer Begierde etwas Unerreichbares an: Unser Verlangen unterscheidet sich von den natürlichen Bedürfnissen dadurch, dass es dieses Unmögliche begehrt.

Alles Verlangen ist, Platon zufolge, ein Verlangen nach Ewigkeit. Hegel griff diesen Gedanken auf und ersetzte »Ewigkeit« durch »Anerkennung«. Das Verlangen ist für ihn stets ein Verlangen nach absoluter Anerkennung, wobei wir diese per definitionem niemals bekommen können. Bei Freud verbirgt sich hinter dem Verlangen die Sehnsucht nach einem ewig unerfüllbaren Wunsch: die Rückkehr in die Gebärmutter. In der Tradition von Platon, Hegel und Freud prägte Lacan den Begriff »Objekt klein a« für das dunkle, unerreichbare Objekt unserer Begierde.

Ihnen allen liegt ein und derselbe Gedanke zugrunde: Begehren heißt, das Unmögliche wollen. Wir scheitern bei dem Versuch, Befriedigung zu erlangen, werden dadurch aber kreativer, fantasievoller und lebendiger. Dank dieses fehlenden Etwas, dank des wiederholten Scheiterns unseres Verlangens nach Befriedigung bleiben wir wagemutig, ruhelos, neugierig, ehrgeizig. Kurz: Menschen. Könnten wir diese Begierde stillen, würde unsere Suche aufhören, unsere Kreativität versiegen. Wir wären befriedigt, gelassen, doch diese Gelassenheit käme dem Tod gleich. Wäre das nicht die schlimmste aller Niederlagen?

Das französische Wort »désir« für Wunsch, Verlangen, Begierde, Sehnsucht kommt vom lateinischen *desiderare*, das die römischen Astrologen und Auguren von *considerare* unterschieden. Mit *considerare* war das Beschauen der Sterne gemeint, das darüber Auskunft gab, ob das Schicksal wohlgesinnt war. Mit *desiderare* war das Vermissen des Sterns als Zeichen der Gewogenheit des Schicksals gemeint, mit anderen Worten: das Sehnen nach dem verlorenen Stern.

Diese Definition des Verlangens ist wunderschön. Sie drückt aus, was wir empfinden, wenn wir unsere Suche beharrlich fortsetzen, ohne jemals zufrieden zu sein, und dieses fehlende Etwas spüren, das uns so lebendig macht. Wir sehnen uns nach unserem verlorenen Stern. Egal, ob wir ihn

Ewigkeit, Anerkennung oder Gebärmutter nennen, er ist in jedem Fall unerreichbar.

Diese Kraft des Begehrens und Sehnens ist zweifellos das, was uns am meisten von den Tieren unterscheidet. Die höheren Säugetiere haben ein Bewusstsein, empfinden Schmerz und Todesangst, entwickeln sittliches Verhalten und sind zu Altruismus fähig. Je weiter die Erkenntnisse auf dem Gebiet der Ethologie voranschreiten, desto schwieriger wird es zu bestimmen, was den Menschen als solchen ausmacht. Die Grenzen zwischen Mensch und Tier verschwimmen immer mehr. Dennoch konnte bis zum heutigen Tag nicht der kleinste Hinweis dafür gefunden werden, dass Tiere sich nach ihrem »verlorenen Stern sehnen«. Darin liegt vermutlich der Unterschied zwischen Mensch und Tier. Tiere verschreiben ihr Leben nicht der Suche nach dem Unmöglichen. Wir Menschen schon. Und genau das gibt unserem Leben seine besondere Tiefe.

Henri Bergson schreibt: »Der Mensch ist das einzige Lebewesen, dessen Handeln nicht sicher ist, das zögert und tastet, das Pläne macht in der Hoffnung auf Gelingen und in der Furcht vor dem Misslingen.« Das stimmt, wir zögern – aber nur, weil wir frei sind. Wir tasten – aber nur, weil wir unseren Stern suchen.

16

IST UNSERE FÄHIGKEIT ZUM NEUBEGINN UNBEGRENZT?

Wir haben im Laufe dieses Buches zwei gegensätzliche Konzeptionen der Weisheit des Scheiterns kennengelernt.

Als wir das Scheitern als Chance sahen, uns wieder aufzurichten, uns neu zu erfinden und in uns die Bereitschaft für Anderes zu entdecken, bewegten wir uns in der Logik des »Werdens«.

Als wir das Scheitern als Fehlleistung begriffen, die das Wirken unbewusster Wünsche deutlich macht, oder auch als Gelegenheit, um uns über unser wesentliches Bestreben im Klaren zu werden, befanden wir uns in einer Logik des »Seins«.

Im ersten Fall haben wir es mit einer existenzialistischen Weisheit des Scheiterns zu tun (Sartre): Scheitern heißt zu fragen, was wir werden können. Im zweiten Fall mit einer psychoanalytischen (Freud und Lacan): Scheitern heißt zu fragen, wer wir sind, was unser innigstes Begehren ist, um sich seiner Wahrheit anzunähern und es zu analysieren.

In den bisherigen Überlegungen standen sich diese beiden Weisheiten, wenn auch eher unauffällig, unversöhnlich gegenüber. Aber ist es denn so sicher, dass sie sich gegenseitig ausschließen? Wenn wir die zwei Positionen zu Ende denken, ist die Antwort Ja.

Für Sartre ist die Frage »Was bin ich?«, also die Frage nach meinem Sein oder innigsten Begehren, tunlichst zu vermeiden. Die alleinige Tatsache, dass ich diese Frage stelle, hemmt mich und beschneidet meine Freiheit. Weil »ich nicht bin«, ist meine Fähigkeit zum Neubeginn unbegrenzt: Das Spiel endet erst, wenn ich den letzten Atemzug tue. Erst am Tag nach meinem Tod fange ich an zu »sein«, behauptet Sartre. Erst wenn ich zum Leichnam werde, werde ich ein »Sein« haben. Aber bis es so weit ist, ist das Feld der Möglichkeiten unendlich weit.

Sartres Zeitgenosse Lacan behauptet dagegen, dass meine unbewussten Wünsche mich wesentlich ausmachen. Sie sind in mir und bestimmen über mich, schicksalsgleich: Sie sind die Quintessenz meiner Familiengeschichte, die »Achse«, um die herum ich mich zwangsläufig bewegen muss. Es ist mir also unmöglich, mich unendlich zu erneuern: Ich muss mich meinen Wünschen annähern, um mein Leben ertragen zu können.

Aus dieser Perspektive ist das wiederholte Scheitern von Michel Tournier bei den Philosophieprüfungen eine Fehlleistung, die auf einen unbewussten Wunsch schließen lässt. Auch die Depression von Pierre Ray kann für den Lacan-Anhänger nur Untreue gegenüber den unbewussten Wünschen als Vermächtnis seiner Familiengeschichte bedeuten. Er konnte sich erst wieder fangen, als er der Stimme seines Unbewussten zuzuhören begann.

Im Umgang mit diesem Gegensatz sind verschiedene Haltungen möglich.

Erste Option: Man entscheidet sich für eines der beiden Lager, was allerdings mehr eine Glaubensfrage ist. Glaube ich an die absolute Freiheit von Sartre oder an den Determinismus des Unbewussten von Freud? Das bedeutet, Partei zu ergreifen in der größten Debatte des 20. Jahrhunderts, die übrigens in meinem Buch *Les philosophes sur le divan* (dt. Philosophen auf der Couch) in Szene gesetzt wird. Dort lasse ich Sartre und Freud hinter verschlossenen Türen aufeinandertreffen: Der Existenzialist begibt sich in die Praxis des Psychoanalytikers und legt sich auf die Couch, aber nur, um zu beweisen, dass das Unbewusste gar nicht existiert …

Diese Debatte spiegelt sich noch heute in dem Gegensatz zwischen Verhaltenstherapeuten und Psychoanalytikern freudscher oder lacanscher Prägung wider. Erstere finden es unnütz, sich monate- oder sogar jahrelang auf die Couch zu legen, um sich von einem Fehlschlag zu erholen, und bieten verschiedene Methoden an, um wieder auf die Beine zu kommen, Selbstrepräsentationen zu verändern, zu lernen, das Glas mehr halb voll als halb leer zu sehen, sich auf Erfolg »umzuprogrammieren« und so weiter. Letztere halten Ersteren vor, dass sie das Unbewusste leugnen, lediglich an den

Symptomen herumdoktern und ihre Patienten dazu verdammen, Szenarien des Scheiterns zu wiederholen. Erstere setzen auf kurze Therapien, Letztere geben zu bedenken, dass es längere Zeit dauern kann, bis man aufhört, sich selbst etwas vorzumachen.

Zweite Option: Man entscheidet sich in jeder Lebensphase neu. Um die 20 ziehe man den existenzialistischen Rausch vor. Nach einigen Jahren lege man sich auf die Couch, um seinen unbewussten Wünschen auf den Grund zu gehen. Als junger Mensch sollten Fehlschläge als Anschübe zum Weiterkommen und als Chancen zum Ausloten neuer Wege erfahren werden. Später kann man sie als Gelegenheiten nutzen, um auf die eigene Geschichte zu schauen und sich zu fragen: Wer will ich sein? Wie gehe ich mit diesem Erbe um, das ich mir nicht ausgesucht habe?

Meine Schüler im Gymnasium sind zwischen 16 und 18 Jahre alt. Sie machen große Augen, wenn ich ihnen etwas von unbewussten Wünschen erzähle, die von ihrer Kindheit und sogar von ihren Eltern und Großeltern herrühren und sie determinieren. Diese These beeindruckt sie, aber sie haben keine große Lust, darüber etwas zu hören. Dafür finden sie Sartres Idee des unendlich Möglichen, der absoluten Freiheit, die zwar Angst macht, aber Verantwortungsgefühl weckt, extrem reizvoll. Umgekehrt fühlen sich bei meinen Coachings in Unternehmen die älteren Jahrgänge, mit denen ich es zu tun habe, von der Idee der verratenen Wünsche und dem Problem der Treue zu sich selbst besonders angesprochen. Sie wissen aus eigener Erfahrung, dass Sartres Idee der absoluten Freiheit mit der Wirklichkeit weitestgehend unvereinbar ist.

Dritte Option, die reizvollste: den Gegensatz überbrücken. Erfinde dich so oft wie möglich neu und bleibe dabei deinen Wünschen treu. Nutze die Fehlschläge, Gabelungen und Neuanfänge, um dich deiner »Achse« zu nähern – dem, was für dich wesentlich ist. Nichts anderes bedeutet Nietzsches Satz »Werde, der du bist«.

Werde: Lass dich von deinen Fehlschlägen nicht lähmen, nutze sie als Chance.

Der du bist: doch ohne Verrat zu begehen an dem, was für dich wirklich wichtig ist, an deinem Begehren, das dich einzigartig macht.

Am Ende des Seminars mit dem Titel »Die Ethik der Psychoanalyse« erläutert Lacan: »Das Einzige, dessen man schuldig sein kann, zumindest in der analytischen Perspektive, ist, in seinem Begehren nachgegeben zu haben.« Was ist dieses Begehren, dem wir treu bleiben sollen? Die Versuchung ist groß, ein Seiendes oder eine Bestimmung darin zu sehen. Wir können unser Begehren aber auch als die Quintessenz unserer Geschichte begreifen – wie haben wir unsere Kindheit erlebt, wie unsere asozialen Triebe verdrängt, welche Rolle haben wir als Geschwisterteil gespielt, welchen Platz im Familienprojekt der Eltern eingenommen und so weiter.

Als Erwachsene fähig zu sein, in uns ein Begehren auszumachen, das wichtiger ist als alle anderen, bedeutet nicht zwangsläufig, dass wir erstarren. Wir bekräftigen damit nur, dass wir »jemand an einem Ort« sind, also der Erbe einer Geschichte, und nicht »irgendwer irgendwo«, also ein Held oder ein existenzialistischer Antiheld. Wir können weiter *werden*, so viel wir wollen, doch ohne »in unserem Begehren nachgegeben zu haben«, ohne Verrat an unserem Erbe zu begehen.

Das Problem besteht hier darin, unser Erbe als Begehren zu begreifen, also anzuerkennen, dass unser Begehren bestimmt wird durch etwas, das wir uns in wesentlichen Teilen nicht ausgesucht haben. Als Kinder des Abendlandes, die unter dem Vorzeichen der Willensfreiheit und des souveränen Bewusstseins aufgewachsen sind, stößt uns diese Vorstellung ab. Dabei zeugt sie von gesundem Menschenverstand. Wir sind die Kinder unserer Kindheit und obendrein einer Geschichte, die sich über mehrere Generationen erstreckt. Damit wird denkbar, dass diese Geschichte uns zu dem macht, was wir sind, und uns auf ein uranfängliches Bestreben stößt. Das heftet uns noch lange kein Schicksal an.

Die großen Gründer, behauptete schon Nietzsche, sind Menschen, die sich als Erben verstehen und sich als solche voll in die Pflicht nehmen. Die anderen verschwenden so viel Kraft, um zu verbergen, wer sie sind, dass ihnen nicht mehr genügend Kraft bleibt, um weiter zu *werden*. Wenn wir wissen, woher wir kommen, und überblicken, was wir alles geerbt haben, bleibt genügend Freiheit, um unsere Achse herum zu tanzen und uns in Treue zum Unabänderlichen zu erneuern. Man muss den Boden kennen, um einen Baum pflanzen zu können, der wächst. Unsere Fehlschläge können uns helfen herauszufinden, wie dieser Boden beschaffen ist. Es liegt an uns, dies zur Kenntnis zu nehmen und tanzen zu lernen.

Unsere Fähigkeit zum Neubeginn ist, anders als manche Therapeuten behaupten, nicht unbegrenzt. Sie bleibt aber groß, wenn wir es schaffen, dem treu zu bleiben, was für uns wichtig ist. Man denke an Charles de Gaulle, Barbara, Richard Branson oder David Bowie. Ihr Gelingen gründet darin, dass sie bei Misserfolgen und Erfolgen gleichermaßen ihrer Suche treu geblieben und um ihre Achse getanzt sind. David Bowie wechselte die Gesichter, die Figuren, das Geschlecht und erfand sich und seine Musik ständig neu, blieb dabei aber immer seinen Ansprüchen treu. Nicht seiner »Identität«, nicht seinem Sein, sondern seinem Projekt, seinem Mangel. Seinem Stern. Das ist es, was wir in ihm sehen und so sehr an ihm lieben. Es gibt etwas in seiner Stimme, das über alle Phasen und über alle Alben hinweg von ebendieser Treue zeugt.

Je besser wir darüber Bescheid wissen, wonach wir streben, desto größer unsere Freiheit. Herauszufinden, worin unsere Suche besteht, worin wir nicht nachgeben sollten, macht uns unfreier und freier zugleich. Unfreier: Es ist nicht mehr alles möglich. Freier: Wir werden besser, wenn wir uns unbeirrt »auf unserer Achse« bewegen und unserem Begehren treu bleiben.

Zwei philosophische Richtungen also, aber nur eine Weisheit des Scheiterns: eine, die uns innerhalb der Begrenzungen offen macht für unsere Freiheit.

SCHLUSS

Das französische Wort »échec« für Scheitern kommt vermutlich aus dem arabischen *šāh māta*, aus dem wiederum »échec et mat« beziehungsweise »schachmatt« gebildet wurde, was nichts anderes bedeutet als: Der König ist tot.

Ich habe dieses Buch geschrieben, um das Gegenteil zu beweisen: Wenn wir scheitern, stirbt der König in uns nicht. Im Gegenteil, er wird sich bei dieser Gelegenheit erst recht seiner Macht bewusst. Könige werden erst im Kampf groß, indem sie sich selbst überraschen und sich den anderen offenbaren. Scheitern ist gewiss nicht angenehm. Aber es öffnet ein Fenster zur Wirklichkeit und erlaubt uns, unsere Fähigkeiten zu entfalten und unserer Suche, unserem innigsten Begehren auf die Spur zu kommen: Der König ist verwundet – es lebe der König!

Die arabische Herkunft des französischen Wortes »échec« ist umstritten. Manche behaupten, es komme vom persischen *sha mat:* Der König ist erstaunt. Und in der Tat, es ist rätselhaft und bisweilen verwunderlich, was unsere Fehlschläge alles ins Rollen bringen. Sie feuern unsere Fähigkeit zum Neubeginn an, bringen uns den anderen und uns selbst näher, öffnen uns die Augen. Wir müssen scheitern, um zu begreifen, welche Intensität simple Lebensfreude, wie viel Wundersames die Schönheit der Welt bereithält.

Vielleicht kommt das französische Wort »échec« aber auch schlicht aus dem altfranzösischen *eschec*, das im 11. Jahrhundert aufkam und »Beute« bedeutet: Kriegsbeute, Diebesgut oder Ausbeute eines Botanikers. Sie ist in allen Fällen ein Zeichen des Sieges. Man möchte gerne an diese Herkunft des Wortes glauben, denn sie führt uns am ehesten zur Weisheit des Scheiterns.

Unsere Fehlschläge sind Beutegut und manchmal sogar wahre Schätze. Wir müssen das Leben riskieren, um sie zu entdecken. Und sie mit anderen teilen, um ihren Wert zu schätzen.

ANHANG

RUDYARD KIPLING, »IF–«

Wenn …

Wenn du den Kopf bewahrst, da rings die Massen
Längst kopflos sind und geben dir die Schuld;
Dir treu sein kannst, wenn alle dich verlassen,
Und siehst ihr Wanken dennoch mit Geduld;
Kannst warten du und langes Warten tragen;
Lässt dich mit Lügnern nie auf Lügen ein;
Kannst du dem Hasser deinen Hass versagen
Und doch dem Unrecht unversöhnlich sein;

Wenn du kannst träumen, doch kein Träumer werden,
Nachdenken und gleichwohl kein Grübler sein;
Wenn dich Triumph und Sturz nicht mehr gefährden,
Weil beide du als Schwindler kennst, als Schein;
Kannst du die Wahrheit sehn, die du gesprochen,
Verdreht zum Köder für den Pöbelhauf,
Siehst du als Greis dein Lebenswerk zerbrochen
Und baust mit letzter Kraft es wieder auf –

Wenn du auf eines Loses Wurf kannst wagen
Die Summe dessen, was du je gewannst,
Es ganz verlieren und nicht darum klagen,
Nur wortlos ganz von vorn beginnen kannst;
Wenn du, ob Herz und Sehne längst erkaltet,
Sie doch zu deinem Dienst zu zwingen weißt
Und durchhältst, auch wenn nichts mehr in dir waltet
Als nur dein Wille, der »durchhalten!« heißt –

Kannst du zum Volke ohne Plumpheit sprechen,
Und im Verkehr mit Großen bleibst du schlicht;
Lässt du dich nicht von Freund noch Feind bestechen,
Schätzt du den Menschen, überschätzt ihn nicht;
Füllst jede unerbittliche Minute
Mit sechzig sinnvollen Sekunden an:
Dein ist die Erde dann mit allem Gute,
Und was noch mehr, mein Sohn: Du bist ein Mann!

(Übertragen von Lothar Sauer, 1960)

DIE BÜCHER, DIE DIESES BUCH GEMACHT HABEN

Der Autor hat die hier aufgeführten Quellen auf Französisch konsultiert. Für den deutschen Leser haben wir, sofern existent, die deutschen Ausgaben zusammengestellt.

Andre Agassi, Open: Das Selbstporträt, München 2009 (engl. OA Open. An Autobiography)

Alain [Émile Auguste Chartier], Die Pflicht, glücklich zu sein, Düsseldorf 1960 (franz. OA Propos sur le bonheur, 1925)

Hannah Arendt, Vita activa oder Vom tätigen Leben, München u. a. 2006 (engl. OA The Human Condition)

Augustinus, Bekenntnisse, Stuttgart u. a. 2014

Gaston Bachelard, Die Bildung des wissenschaftlichen Geistes. Beitrag zu einer Psychoanalyse der objektiven Erkenntnis, Frankfurt am Main 1987 (franz. OA La formation de l'esprit scientifique, 1938)

Samuel Beckett, Worstward ho. Aufs Schlimmste zu, Frankfurt am Main 1989 (engl. OA Worstward Ho)

Henri Bergson, Die seelische Energie. Aufsätze und Vorträge, Jena 1928 (franz. OF L'Énergie spirituelle) – Denken und schöpferisches Werden. Aufsätze und Vorträge, Meisenheim am Glan 1948 (franz. OA La pensée et le mouvant)

Patrick Boucheron, Ce que peut l'histoire [Antrittsvorlesung am Collège de France], Paris 2016

David Buckley, Strange Fascination: David Bowie, the Definitive Story, überarb. Ausg., London 2005

Albert Camus, »Rede anlässlich der Entgegennahme des Nobelpreises am 10. Dezember 1957 in Stockholm«, in: Kleine Prosa, Hamburg 1961 (32. Aufl. 2013), S. 7–14 (franz. OA Discours de Suède)

Emmanuel Carrère, Das Reich Gottes, Berlin 2016 (franz. OA Le Royaume)

René Char, Les Matinaux – *suivi de* La parole en archipel, Neuaufl., Paris 1987 – Hypnos. Feuillets d'Hypnos. Aufzeichnungen aus dem Maquis (1943–1944), [Zweisprachige Ausgabe], Frankfurt am Main 1990

Winston S. Churchill, Der Zweite Weltkrieg. Mit einem Epilog über die Nachkriegsjahre, Bern u. a. 1985 (engl. OA Memoirs of the Second World War: an Abridgement of the Six Volumes of the Second World War, Boston 1959)

E. M. Cioran, Vom Nachteil, geboren zu sein, Wien u. a. 1977 (franz. OA De l'inconvénient d'être né)

Pierre Corneille, Der Cid. Tragische Komödie in 5 Aufzügen, Stuttgart 1959 (franz. OA Le Cid)

Charles Darwin, Die Fahrt der Beagle. Tagebuch mit Erforschungen der Naturgeschichte und Geologie der Länder, die auf der Fahrt von HMS Beagle unter dem Kommando von Kapitän Fitz Roy, RN, besucht wurden, Neuübers., Hamburg 2006 (engl. OA Journal of Researches Into the Natural History and Geology […])

René Descartes, Discours de la méthode. Französisch-Deutsch, Hamburg 2011 – Die Prinzipien der Philosophie. Lateinisch-Deutsch, Hamburg 2005 – »Lettre au marquis de Newcastle du 23 novembre 1646«, in: Œuvres et lettres, Paris 1953, S. 1254–1257

Albert Einstein, Mein Weltbild, Amsterdam 1934

Johann Gottlieb Fichte, Grundlage des Naturrechts nach Prinzipien der Wissenschaftslehre (1796), Hamburg 1922

Sigmund Freud, Essais de psychanalyse, Paris 1948 [Enthält in franz. Übers. die Aufsätze »Jenseits des Lustprinzips« – »Massenpsychologie und Ich-Analyse« – »Das Ich und das Es« – »Zeitgemäßes über Krieg und Tod«] – Das Unbehagen in der Kultur, Wien 1930 – Aus den Anfängen der Psychoanalyse, London 1950

Charles de Gaulle, Lettres, notes et carnets de Charles de Gaulle, Paris 2012 – Memoiren 1942–46, Düsseldorf 1961 und Memoiren der

Hoffnung. Die Wiedergeburt 1958–1962, Wien u. a. 1971 (franz. OA Mémoires de guerre et Mémoires d'espoir) – Die Schneide des Schwertes, Schnellroda 2004 (franz. OA Le fil de l'épée)

Julien Gracq, Der Versucher. Roman, Graz und Wien 2014 (franz. OA Un beau ténébreux)

Philippe Hayat, L'avenir à portée de main, Paris 2015

Georg Wilhelm Friedrich Hegel, Phänomenologie des Geistes, Bamberg 1807

Heraklit, Fragmente. Griechisch und Deutsch, München 1965

Eugen Herrigel, Zen in der Kunst des Bogenschießens, Konstanz 1948

Friedrich Hölderlin, »Patmos« (1803), u. a. erschienen in: Sämtliche Werke, 6 Bände, Bd. 2, Stuttgart 1953, S. 172–180

Steve Jobs, »Stay hungry, stay foolish«, Rede vor Absolventen der Stanford-Universität am 12. Juni 2005 (dt. »Bleibt hungrig, bleibt tollkühn«, online unter http://www.mac-history.de/apple-people/steve-jobs/2008-10-05/ubersetzung-der-rede-von-steve-jobs-vor-den-absolventen-der-stanford-universitat-2005)

Immanuel Kant, Kritik der praktischen Vernunft (1788), u. a. in: Kritik der praktischen Vernunft. Grundlegung der Metaphysik der Sitten, Werkausgabe Bd. VII, 22. Aufl., Berlin 2016

Rudyard Kipling, »If–« (1895), in: Rewards and Fairies, London 1910

Jacques Lacan, Schriften I und Schriften II. Vollständiger Text, Wien 2017 (franz. OA Écrits) – Die Ethik der Psychoanalyse (1959–1960), Wien und Berlin 2016 (franz. OA L'éthique de la psychanalyse)

Lao-tse, Tao-Tê-King. Das heilige Buch vom Weg und von der Tugend, durchges. u. verb. Ausg., Stuttgart 2014

Lutherbibel 2017 (online)

Mark Aurel, Meditationen. Selbstbetrachtungen, Berlin 2016

Mark Twain, Die Abenteuer des Huckleberry Finn, Neuübers., München 2010 (engl. OA Adventures of Huckleberry Finn, 1884)

Michel de Montaigne, Essais, 9., korr. Aufl., Berlin 2016 (franz. OA Essais)

Rafael Nadal und John Carlin, Rafa. Mein Weg an die Spitze, Hamburg 2012 (engl. OA Rafa. My story)

Friedrich Nietzsche, Also sprach Zarathustra. Ein Buch für Alle und

Keinen (1892), zuletzt Berlin 2016 – Vom Nutzen und Nachteil der Historie für das Leben (1874), u. a. in: Unzeitgemäße Betrachtungen: David Strauß – Vom Nutzen und Nachteil der Historie für das Leben – Schopenhauer als Erzieher – Richard Wagner in Bayreuth, Berlin 2016

Claude Onesta, Le règne des affranchis, Paris 2014

Marcel Proust, À l'ombre des jeunes filles en fleurs, Manuskript, Paris, Bibliothèque nationale de France

Pierre Rey, Eine Saison bei Lacan, Wien 1995 (franz. OA Une saison chez Lacan) – Le désir, Paris 1999

Matthieu Ricard, Plädoyer für die Tiere, München 2015 (franz. OA Plaidoyer pour les animaux)

Clément Rosset, La force majeure, Paris 1983

Jean-Jacques Rousseau, Abhandlung über den Ursprung und die Grundlagen der Ungleichheit unter den Menschen (1755), Stuttgart 1998 (franz. OA Discours sur l'origine et les fondements de l'inégalité parmi les hommes)

Jean-Christophe Rufin, Pilgern für Skeptiker. Meine Reise auf dem Jakobsweg, München 2015 (franz. OA Immortelle randonnée. Compostelle malgré moi)

Jean-Paul Sartre, Der Existentialismus ist ein Humanismus und andere philosophische Essays 1943–1948, Reinbek bei Hamburg 1994 (franz. OA L'existentialisme est un humanisme) – Das Sein und das Nichts. Versuch einer phänomenologischen Ontologie, Neuübers., Reinbek bei Hamburg 1993 (franz. OA L'être et le néant) – Der Ekel, Neuübers., Reinbek bei Hamburg 2004 (franz. OA La nausée)

Seneca, Von der Kürze des Lebens, Stuttgart 2012

Spinoza, Die Ethik. Lateinisch/Deutsch, Stuttgart 2007

Michel Tournier, Der Erlkönig. Roman, Hamburg 1972 (franz. OA Le roi des Aulnes) – Freitag oder Das Leben in der Wildnis, München 2007 (franz. OA Vendredi ou la vie sauvage)

CHARLES PÉPIN, geboren 1973, ist Schriftsteller und lehrt Philosophie. Seine Bücher wurden in mehr als zwanzig Sprachen übersetzt. Zuletzt erschien auf Deutsch *Der Planet der Weisen* (2013). Er lebt in Paris. Bei Twitter: @Pepincharles

CAROLINE GUTBERLET übersetzt seit bald dreißig Jahren vor allem Essayistisches im Kunstbereich sowie Sachbücher und Streitschriften zu philosophischen und (zeit)geschichtlichen Themen, zuletzt Alain Badiou.